KB269548

아홉 개의 성공 언어

아홉 개의 성공 언어

김호영 · 이재권

㈜아쿠아픽 이계우 대표의 경영 시크릿

> 문제 중심의 언어는 문제를 키우고,
> 해법 중심의 언어는 해결을 이끈다.

사단법인 한국스마트컨설팅협회 · 교육원

Prologue

소나무가 너와 나의 소나무로
소통할 수 있는 이유

김춘수의 시 《꽃》의 일부를 소개하는 것으로 책의 서문을 열어 갈까 합
니다.

내가 그의 이름을 불러주기 전에는

그는 다만

하나의 몸짓에 지나지 않았다.

내가 그의 이름을 불러주었을 때

그는 나에게로 와서

꽃이 되었다.

(…)

소나무가 '너와 나의 소나무'로 소통할 수 있는 것은 이것이 '소나무'라고
이름이 지어지고 머리가 그것을 공통의 언어로 기억하고 있기 때문입니
다. 꽃이 '꽃'이라는 언어로 정의되지 않은 상황에서의 꽃은, 우리 머릿속
에 각기 다른 모양으로 기억하고 있어서 서로 간의 소통은 거의 불가능합
니다. 바람 불면 흔들리는 잡초에 지나지 않은 것입니다. 공통의 언어가
정말 소중하게 생각되는 이유입니다.

독일 철학자 마르틴 하이데거(Martin Heidegger)는 '언어는 존재의 집
이다.'라는 말로 언어가 그 사람의 내면과 얼마나 밀접하게 연동하여 작
동하는지 알려 줍니다. 언어와 존재의 관계를 이렇게 적절하게 표현한다

                          아홉 개의 성공 언어

는 것이 신기할 따름입니다.

우리는 언어를 통해서 세상과 관계를 맺으며 살아갑니다. 상대방이 하는 언어(말)를 통해서 그의 생각 수준이나 여러 가지 정서적, 성격적 특성들을 이해하거나 판단합니다.

말끝마다 부정적인 언어를 쏟아 내는 사람을 보면, 그 사람이 세상을 어떤 마음으로 바라보고 있는지 대강 짐작할 수 있지 않습니까. 따라서 언어란 '나(너, 우리)'라는 존재가 살고 있는 공간(집)과 같은 역할을 합니다. '언어는 생각을 지배하며, 문화는 언어 속에 존재한다.'는 말로 하이데거의 말을 확장하여 적용해 봅니다.

언어의 품새를 보면 개인들이 속해 있는 집단(조직)의 문화가 보입니다. 즐겁다고 콧노래가 나오는 게 아니라, 콧노래를 흥얼거리다 보니 어느새 즐거워진 경험이 있지 않습니까?

언어(말)는 단순히 생각을 표현하는 수단을 뛰어넘어, 때때로 행동을 견인하는 역할을 하기도 합니다. 예를 들어, "나는 그것을 ○○ 때까지 달성한다."라고 공표하고 나면, 그 말에 책임을 지기 위해 어제와 다른 행동을 하는 자신을 발견하고는 스스로 놀란 경험을 한 적이 있을 것입니다. 그걸 일반적으로 '말의 힘'이라고 합니다.

이계우 대표와 대화하는 과정 내내 그가 '언어를 통하여 현장을 이끌고, 변화시키는 힘을 가진 경영자'라는 인상을 지울 수가 없었습니다. 저자들은 이것을 굳이 '이계우의 언어 경영(Language Management)'이라고 정의했습니다. 그가 평소에 사용하는 언어 속에는 그가 살아온 역사와 세계관, 그리고 삶의 방식과 철학이 짙게 배어 있음을 알 수 있습니다. 굳어지고 정체되어 화석화된 언어가 아니라, 매일 매 순간 상황에 따라 살아 움직이는 역동성이 드러나기에 더욱 도드라집니다.

　저자들은 그의 '존재의 집'을 구성하고 있는 아홉 개의 대표적인 언어를 신중히 선택했습니다. 그가 자주 사용하는 언어의 범주 안에 '브랜드(Brand)'가 있습니다. 어쩌면 그는 브랜드에 미친 사람이란 생각이 들 정도로 거기에 집착합니다. 거기에는 그럴만한 사유가 있습니다. 자유경쟁 시장에서 브랜드는 기업의 차별적 우위를 보장하는 힘(power)이 되기 때문입니다.

하나의 브랜드를 시장에 론칭(launching)하여 소비자들에게 차별화된 이미지로 자리 잡기까지의 여정은 실로 험난합니다. 더구나 대기업 브랜드가 아닌 경우, 그 길의 혹독함은 더욱 심한 것이 현실입니다. 그게 바로 우리가 사는 세상, 경쟁시장의 법칙입니다. 오늘날의 아쿠아픽 속에는 그의 험난한 여정과 언어들이 피땀으로 알알이 박혀, 하나의 역사로 남아 있습니다.

오랜 고민 끝에 저자들은 감히(?) 브랜드를 포함한 9개의 언어를 하나의 콘셉트(concept)의 틀 안에 구조화시키는 작업을 시도하였습니다.

　그림을 보면 마치 태양계를 형성하는 구조를 떠올리게 합니다. 여덟 개의 행성(언어)이 태양계의 중심인 태양, 곧 아쿠아픽이라는 브랜드 주위를 위성처럼 돌면서 그 파워를 강화하는 모습을 보여 주고 있습니다.[1] 그

---

1)　태양계의 행성은 수성, 금성, 지구, 화성, 목성, 토성, 천왕성, 해왕성 등 8개의 별로 이루어져 있다.

　　　　　　　　　　　　　　　　　　　　아홉 개의 성공 언어

림은 주변 여덟 개의 언어가 활성화할수록 브랜드가 계속 확장 가능하다는 것을 보여 줍니다. 이는 마치 태양계가 역동하고, 팽창하는 원리와 유사한 개념이라고 할 수 있습니다.

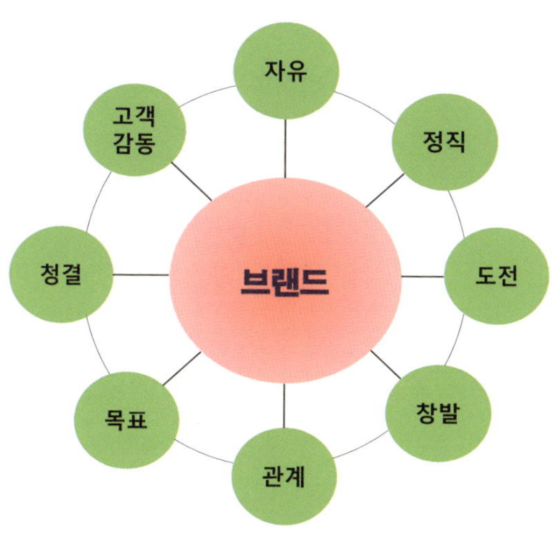

아홉 개의 언어는 선으로 연결되어 있어, 이들이 상호 독립적이 아니라, 의존적으로 작동하고 있음을 나타냅니다. 세상의 이치가 그렇습니다. 각자 따로인 것 같지만 서로 연결된 상태로 굴러간다는 것!

이 책은 편년체 방식이나 경영자 개인의 치적 중심인 자서전의 형태를 지양하여, 한 경영자의 언어가 어떻게 현장에서 구체적으로 작동하고 있는지에 초점을 맞추어 기술되었습니다.

리더의 언어는 예사롭거나 사사로이 사용해서는 안 됩니다. 그것은 한 집단이 나아갈 방향을 결정할 뿐만 아니라, 순간순간의 의사결정에 크게 영향을 미치며, 조직문화를 형성하는 데 결정적인 요인으로 작용하기 때문입니다.

언어경영은 반드시 경영자들에게만 필요한 것은 아닐 것입니다. 지상의 살아 있는 모든 이들에게 필요한 역량이요, 덕목이 아닌가 생각합니다. 말과 글이 세상을 변화시킨다고 하는데, 자신이 사용하는 한마디의 말과 글이 세상을 아름다운 모습으로 변화할 수만 있다면, 한번 변화의 주체가 되어 보는 것은 어떻습니까?

　제한된 지면의 글로 이계우 대표의 창업정신, 경영철학, 기업가 정신과 삶의 지혜를 담는다는 것은 불가능한 일입니다. 그럼에도 불구하고, 감히 서둘러 작업을 시도한 이유가 있습니다. 어느 순간에 그 소중한 무형의 자산들이 허공에 흩어지거나 땅에 떨어져 사라질지도 모른다는 조바심 때문입니다. 그렇게 되면 국가 사회적으로도 손실이 클 것이라는 생각에서입니다.

'자신은 그런 주목을 받을 만한 사람이 못 된다.'라며 극구 사양했지만, 저자들 역시 그로부터 배운 '들이대(大) 저질러 학과(學科) 뒷수습 전공(專攻)'의 정신으로 인터뷰를 단행했습니다.

　아무쪼록 독자들께서 이 책을 통하여 언어가 어떻게 개인과 집단(조직)의 문화에 영향을 미칠 수 있는지 깨닫고, 적용함으로써 새로운 변화의 기회로 삼기를 기대해 봅니다.

감사합니다.

차례

자유

01

경영과 자유의 동거

자유로운 마음은 창의적 사고의

유일한 기반이다.

- 랄프 왈도 에머슨 -

　기업을 경영하는 것과 자유는 과연 한 공간에 머물며, 동거가 가능한 개념들일까? '경영'은 질서와 시스템으로 통하는 세계인데, '자유'는 체계와 질서, 그리고 통제로부터의 이탈을 떠올리게 하는 영역이기 때문이다. 저자들이 자유를 첫 번째 주제로 선택한 데는 그만한 이유가 있다. 아쿠아픽의 경영 성과를 떠받치고 있는 현장의 활동들 속에는 '자유'라는 가치가 반석처럼 넓고 깊게 자리하고 있기 때문이다.

　'자유'라는 언어가 아쿠아픽 경영 현장과 어떻게 구체적으로 융합되고, 작동하고 있는지 언급하기 전에 잠시 '자유로움'이 무엇인지에 대해 살펴보고 넘어가는 게 순서일 것 같다.

이 단어를 생각할 때 가장 먼저 떠오르는 장면은 무엇인가? 감옥 문을 나서며 만세 부르는 죄수의 모습? 천진난만한 아이들의 장난치는 모습? 아무런 통제나 방해 요소가 없는 무인도에 혼자 있는 모습? 신발 벗고 초원을 뛰어다니는 어린 시절 나의 모습? 모두 옳다. 이 모든 상황이 곧 자유

　　　　　　　　　　　　　　　아홉 개의 성공 언어

로운 순간들일 것이다. 이처럼 자유로움이란 통제받지 않는 상태에 가까운 것으로 해석할 수 있겠다.

거기서 좀 더 나아가 스스로 적절하게 통제하면서 결정을 내리고, 원하는 방향으로 나아갈 수 있는 수준이라면 '자율(自律)'이라고 명명할 수 있지 않을까 싶다. 그러므로 자유로움이 전제되지 않는 상황에서의 자율은 그 빛을 잃는다.

한 꺼풀 더 깊이 들여다보자. 이는 단순히 신체적 제약에서 벗어나는 것만을 의미하지 않는다. 정신적 자유, 즉 생각의 자유도 중요한 부분이다. 이는 고정된 사고방식이나 편견에 얽매이지 않고, 다양한 관점에서 세상을 바라보고 새로운 아이디어를 탐구하는 능력을 포함한다. 정신적으로 자유로운 사람은 자기 생각을 개방적으로 표현하고, 비판적 사고를 통해 창의적인 해결책을 모색할 수 있는 역량이 높다.

이것만일까? 감정적 자유라는 게 있다. 이것은 타인의 기대나 사회적 압박으로부터 자유로워져, 자신의 감정을 솔직하게 느끼고 표현할 수 있는 상태를 말한다. 감정적으로 자유로운 사람은 타인의 눈치를 보거나, 자신의 감정을 억누르지 않고 진정으로 자신이 느끼는 대로 행동할 수 있다. 이는 정서적 건강과도 밀접하게 연결되어 있을 만큼 각 개인에게 매우 중요한 요소다.

또 하나 있나. 창의적 자유다. 고정된 틀이나 규범에서 벗어나, 새로운 아이디어를 자유롭게 탐구하고 실험할 수 있는 능력을 의미한다. 예술

가나 과학자들이 혁신적인 생각을 펼칠 수 있는 것도 창의적 자유 덕분
이다. 그러므로 자유로운 환경은 독창적이고 혁신적인 결과물이 나올 수
있는 토대가 된다.

　위계적 조직일수록 자유로움에 한계가 있게 마련이다. 규칙, 규정, 법
률, 전통, 선례 등은 곳곳에 장벽이 되어 사람들의 생각을 막고, 행동을
가두며, 종국에는 개인들을 학습된 무기력에 빠뜨려 "그래, 역시 내 힘으
로 되는 건 하나도 없어!"라며 변화를 포기하도록 만든다.
잠시 생각해 보라. 귀하가 몸을 담고 있는 조직은 "해 보자, 잘 될 거야,
괜찮아, 한번 해 봐" 등이 자주 거론되는지, "그런 걸 뭐 하려고 해, 그거
잘 되겠어, 전에 해 본 거야, 작년에 한 것처럼 해, 웬만하면 건드리지 마"
등의 언어들이 보편화되어 유통되고 있는지.
한 집단에서 사용되는 언어의 모양들을 보면, 그 조직의 분위기를 금방
알아챌 수 있다는 데 동의하는가?

아홉 개의 성공 언어

다른 듯 같은 이름들

구속 없는 마음이 가장 깊이 파고들고,

가장 멀리 도달한다.

- 프랭클린 D. 루즈벨트 -

코이(Koi)는 색상과 무늬가 아름다운 관상용 일본 잉어다. 오늘날에는 전 세계적으로 작은 연못이나 수족관에서 길러지며 널리 사랑받는 물고기로 알려져 있다. 그런데 그 물고기가 어항 속 같은 좁은 공간에서는 그 크기가 고작 5~8cm에 머물지만, 강에서 자란 것은 최대 1m까지 된다고 한다.

환경이 얼마나 큰 영향을 미치는지에 대한 사례로 많이 회자되는 이야기다.

조직 풍토는 개인의 성장과 발전에 중요한 요소로 작용한다. 인간은 자유롭게 사고하고 행동할 수 있을 때 자신을 더 잘 이해하고, 자신의 목표를 설정하며, 더 나은 선택을 할 수 있다. 또한 자유로운 상태에서 사람들은 자신의 가능성을 최대한 발휘할 수 있으며, 이는 개인뿐만 아니라 사회 전체에도 긍정적인 영향을 미친다는 게 일반적인 사실이다.

자유와 창의는 매우 긴밀하다. 언어가 존재의 집이듯, 자유는 창의의 집이다. 창의력은 새로운 아이디어를 탐구하고 독창적인 해결책을 제시하는 능력인데, 그 과정에서 자유가 큰 역할을 한다. 자유가 호흡처럼 자연스럽지 않은 환경에서 창의는 제한되거나 억제되는 경우가 많다. 반대로 자유가 충분히 주어질 때 사람들은 상상력을 최대한 발휘함으로써 조직 성과에 새로운 지평을 열어 간다. 그런 곳은 일할 맛이 넘치는 현장이 된다.

곤혹스러운 것은 상하 위계가 공고한 분위기 속에서 창의를 강요하는 리더를 만나는 경우이다. 그런 리더는 자신이 속한 집단에서 창의적 혁신이 일어나길 기대해서는 안 된다. 이는 대단히 염치없는(?) 행위다. 마른 나뭇가지에서 어찌 물이 나오길 기대할 수 있겠는가?

때때로 우리는 특정한 틀, 또는 기존의 관행을 무자비하게 깨뜨려야 하는 순간을 맞이한다. 이때 필요한 것이 제한 없는 발상력이다. 그렇게 함으로써 사람들은 새로운 생각과 아이디어를 실험할 수 있는 기회를 얻는다. 상식적·습관적·사회적·문화적·제도적 틀(framework)에서 벗어날 때야말로 우리의 창의성은 물 만난 고기가 된다. 기존 규칙이나 고착된 관습에 얽매이지 않고 새로운 방식으로 사물과 현상들을 과감하게 융합할 때 혁신적인 제품·서비스가 탄생하는 것이다.

80년대 사랑을 독차지했던 Sony의 워크맨이 그렇고, 그 뒤에 디지털 카메라, 현재의 스마트폰 류(類)의 제품들이 나온 배경을 들여다보면 모두 생각의 틀을 깨고 나온 결과물들이다.[2]

---

2) 워크맨은 "음악을 걸어 다니면서 들을 수는 없을까?", 디지털 카메라는 "카메라에 꼭 필름이 있어야 하는가?", 스마트폰은 "하나의 기기에서 컴퓨터, 전화기, 카메라 기능을 몽땅 집어넣을 수

      아홉 개의 성공 언어

그러므로 혁신적인 조직이라면 실패에 대한 두려움으로 인해 짊어지게 되는 마음의 짐을 덜어 주는 분위기여야 할 것이다. 창의적인 시도란 항상 실패가 전제된 도전이다.

자유로운 조직 풍토에서는 실패에 대한 짐은 비교적 가벼우며, 덜 위협적으로 느껴지는 법이다. 실패를 두려워하지 않고 다양한 가능성을 실험할 수 있는 '홀가분함'이 있을 때 사람들은 혁신적인 아이디어를 내는 데 적극적이다. 말로는 그렇게 한다고 하거나, 또는 그렇게 할 것이라고 하지만 리더들은 통제와 관리에 대한 유혹에서 쉽게 벗어나지 못하는 것이 현실인데, 대부분 신뢰의 부족에서 오는 현상이다.

흔히, "우리 조직은 실패를 장려한다."라고 하지만, 실제로 조직원들은 그런 장려 사항이 진실한지를 의심의 눈으로 바라본다.

만일에 독자께서 속한 집단이 구성원들에게 어항 속 잉어(Koi)가 아닌, 넓은 강을 헤엄칠 수 있도록 장려하는 그런 곳이라면 인생 행복의 절반 이상은 거기서 누리고 있다고 생각해도 된다. 축하한다. 행운을 잡은 셈이다.

필자들이 관찰한 바에 따르면, 아쿠아픽이 바로 그런 곳이다.

이계우 대표는 회사를 그런 공간으로 만들고 싶어 하는 경영자다. 결코 완벽할 수는 없지만, 그 방향으로 가길 바라는 의지는 확고해 보인다.

없을까?"라는 질문에서 탄생하였다.

어떻게 하는 게 좋겠어?

아쿠아픽은 2001년 법인 설립 후, 10년을 넘어서면서 어느 정도 자리를 잡기 시작했다. 죽음의 계곡을 지난 끝에 비로소 안정적인 궤도에 진입하기에 이르렀다. 이제는 회사가 망하지는 않겠다는 생각이 들었던 그때부터 이계우 대표는 경영의 패러다임을 바꾼다.

가장 먼저 거추장스러운 규칙들을 없앴다. 물론 법적 요구사항인 '취업규칙'이나 그에 따른 '계약서' 같은 것은 있어야겠지만, 직원을 얽매는 규정들은 과감하게 버렸다. 그리고 회사 발전에 도움이 되는 일이라면, 직원들에게 책임과 권한을 넘겼다.

"어떻게 하라는 지시나 규칙이 없으니, 스스로 하고 싶은 대로 하도록 합니다."

진심이 묻어나는 이 대표의 말이다.

필자들은 이곳에서 임파워먼트(empowerment)가 실제로 살아 있는 조직의 전형을 볼 수 있겠다는 생각으로 마음은 몹시 설렜다.

심지어 회사의 10년을 준비하는 전략 로드맵을 짜고(planning), 회사 규정을 정비하고, 조직 체계를 손보고, 성과 관리를 철저히 하는 일에도 대표가 앞장서서 힘을 쏟지 않는다니 보통 신뢰가 아니고는 보기 어려운 광경이다.

그의 자녀들에게 그랬던 것처럼, 똑같은 방식으로 직원들한테도 스스로 알아서 하라고 한단다.

"일방적인 명령과 잔소리 같은 지시는 되도록 하지 않을뿐더러, 회사에

  아홉 개의 성공 언어

도움이 되는 의견이라면 뭐든 절대로 간섭하지 않습니다."

그런데 이상한 일이다.

회사가 엉망이 될 것 같았는데, 실상은 그 반대였다. 긍정적인 성향이나 기본적인 자세를 갖춘 직원을 뽑아 놓았더니 자연스럽게 집단지성이 발현되었다. 직원들끼리 스스로 협력하고 조화하면서 보이지 않는 에너지가 생성되고, 작동하며 성과가 만들어지는 선순환(positive feedback loop)이 이루어졌다. 질서가 무너져 엉망이 될 것 같았지만, '자율성(自律性)'이라는 문화가 자연스럽게 형성하면서 오히려 매우 질서 있는 분위기가 이루어지고, 이전보다 훨씬 더 밝고 활발한 분위기가 조성되었다. 신기한 일이다.

"경영자가 가장 신경 써야 하는 부분이 있다면 직원을 잘 뽑는 일이라고 생각합니다. 선발해 놓고 일을 시키는 것이 경영자가 할 일이 아니라, 긍정의 마인드로 함께 일할 수 있는 사람을 뽑는 것 그 자체가 최고경영자가 진짜 해야 할 일이라고 확신합니다."

'좋은 직원을 뽑아 놓고, 필요한 교육과 훈련을 거친 다음 제시된 방향의 틀 안에서 일하도록 한다.'라는 것이 일반적인 접근 방법이다. 그렇지만 그것이 꼭 맞는 방법이라고 단정할 수 있을까? "그럴 필요조차 없더군요. 적절하게 질문을 던지는 것으로 충분합니다."

좋은 리더는 답을 주지만, 위대한 리더는 질문을 던진다. 그런 관점에서 본다면 이계우 대표는 분명 질문 경영(Question Management)을 몸소 실천하는 경영사라고 할 수 있겠다.

"왜 그렇게 생각하지? 무엇을 어떻게 했으면 좋겠어?" 등과 같은 물음이야말로 스스로 생각하고 답을 찾을 수 있도록 이끄는 최고의 질문이 아닐까?
대표가 먼저 나서서 "그래도 우리는 오랄케어에 전력을 다 해야 하지 않
겠어?, 그렇지 우리는 계속 오랄케어에 파고들어야 해!" 같은 방향을 제
시(답을 주는 질문)했다면 어떤 일이 생길까?
이런 CEO의 말을 직원들은 지시나 통제로 해석하게 되고, 더 이상 자신
이 품었던 내용을 드러내지 않는다. 이런 분위기를 우리는 '답정너'라고
하는 거다. 답은 이미 정해졌으니 너는 대답만 하면 된다는 뜻이다.
대표가 그렇게 하자는데, 더 이상 무슨 말이 필요할까.

대표는 자신보다 더 나은 사람이 회사에 있을 수 있음을 전제해야 한다.
조사 결과 헬스케어 분야로도 가고, 성장을 위해서 관련 다각화로써 메디
컬 쪽으로도 가도 충분히 승산이 있을 것이라고 생각하는 잠재적인 능력
자가 있을 수 있음을 깨달아야 한다. CEO가 "우리는 오랄케어 전문 기업
으로 가는 것이 맞다."라고 단정하는 순간, "(마음속으로) 그럼 그렇게 하
시죠."라고 반응하며, 더 이상 생각할 여지를 없앤다. 이런 일이 반복되
다 보면 직원들은 지시받은 바를 충실히 이행하는 수동형 인간으로 변한
다. 그들이 회사에 무슨 미련이 있을까. 좋은 직원 뽑아 놓았는데, 실력을
발휘할 수 있는 기회를 대표가 걷어차는데 회사의 성장을 어찌 기대할 수
있겠는가?

대표인 그가 생각이 없어서가 아니다. 직원들한테 물어보는 절차 그 자
체가 중요하기 때문이다. 리더의 질문은 가장 인격적인 행위다. 사람의
됨됨이는 그가 어떤 질문을 던지느냐에 의해 결정된다는 뜻이다. 질문은

아홉 개의 성공 언어

인격의 둥지다.

"우리가 앞으로 어떻게 가는 게 좋을까?"

질문을 함으로써 기대할 수 있는 소득 중 하나는 '답을 얻게 된다'라는 것이다. 어떤 직원은 "대표님, 우리가 지금 오랄케어 분야에서 선도하고 있지 않습니까, 그러니 오랄케어로 계속 집중하는 것이 좋지 않을까요.", 또 누구는 "대표님 오랄케어로 선도하고 있으니, 헬스케어 쪽으로 확장한다면 브랜드 시너지가 날 것으로 봅니다."라고 의견을 낼 수 있다. 벌써 두 개의 '답'을 얻은 셈이다.

이끌지 않고 따라간다

대표가 해야 하는 중요한 역할이 또 하나 있다. 제시된 의견이나 아이디어에 대해 마음껏 격려하는 것이다. 머릿속에서 그려 보고 잘했으면, "자네 의견 정말 괜찮은데!" 입에 발린 말이 아니라, 진정으로 긍정하는 자세를 유지할 수 있도록 마음을 가다듬어야 한다.

그러면서 질문이 이어진다. 좀 더 구체적으로 접근해 들어간다. "그렇다면 사업 범위(Business Domain)를 헬스케어 쪽으로 확장한다면 어떻게 하는 것이 좋겠는가?" 그러면 "제가 한번 구체적인 보고서 만들어 보겠습니다."라는 반응이 자연스럽게 나오는 것이다. 이런 식으로 대화가 진행되면 의견을 내는 직원의 자존감이 높아질 뿐만 아니라 사기가 오르고, 하는 일이 즐거워지는 거다. 자기가 의견을 내고, 리포트를 만들며 칭찬을 받게 되는 구조다. 대표가 앞장서서 끌고 가는 형식이 아니라, 직원이 앞서고 대표는 뒤따르며 파트너가 되고 지원하는 패러다임이다. 이른바, 비즈니스 코칭(Business Coaching)이 바로 이런 모습이다.

반대로, 앞장서길 좋아하는 리더의 메시지 전달 방식은 어떤가.
"우리는 구강 분야 전문기업이니, 이 시장에 더 집중해야 하니까 다들 그렇게 알고 열심히 하게!"
어쩌면 대부분의 직장 풍토가 이러지 않나 싶다. 그렇게 되면 역량의 크기에 상관없이 모든 생각이 거기서 멈추고 만다. 이런 분위기야말로 회사로서는 가장 염려스럽고, 위험한 일이 아닐까. 소중한 인적자원을 쓰레기로 만들어 버리는 어리석음을 범해서는 안 된다. 우리 속담에 '죽 쒀서 개 준다'라는 말이 바로 이런 상황을 두고 하는 말이다.
직장인들이 몸을 담고 있는 조직을 떠나고 싶어 하는 이유도 따지고 보면 자기 생각대로 할 수 있는 폭과 깊이가 제한받고 있기 때문이 아닐까 싶다.

사람들은 인간의 손이 닿지 않은 자연(산이나 바다)과 함께 있을 때, 혹은 계급에 얽매이지 않을 때가 가장 행복한 순간이라고 말하는 데 주저함이 없다. 이 대표 역시 지금까지 살면서 가장 행복했던 순간을 고향에서 자연과 일체가 되었던 시절이라고 말한다. 거기에는 메이지 않은 자유가 있었고, 그를 한결같이 품어 주는 산과 숲, 그리고 물과 바람이 있었기 때문일 것이다.
그의 혈맥은 아직도 그 시기의 장면들을 확고하고, 분명하게 기억하고 있

　　　　　　　　　　　　　　　아홉 개의 성공 언어

단다. 오늘의 그를 있게 한 것의 8할은 그곳 자연과 함께 뒹굴며 만끽한, 간섭받지 않은 무한 자유의 시간이라는 데 이의가 없다.

한 집안에서 가장의 자리가 빈다는 것은 분명 슬픈 일이겠으나, 다른 한 편으로는 식솔들에게 자율을 안겨 주는 사건이기도 하다. 아버지가 돌아가신 후 3남 4녀의 식솔을 책임져야 하는 엄마의 손길은 막내였던 그에게까지 내밀 수 있을 만큼 여유롭지 못했다. 학교를 파하고 집에 돌아온 아들을 반갑게 맞이해야 하는 '엄마'의 존재는 기대하기 어려울 정도로 멀리 있었다. 계절을 불문하고 늘 논밭에서 손발을 쉼 없이 놀려야 당신의 새끼들이 배를 곯지 않기 때문이었으리라. 그리고 3살 터울로 이어진 형들과 누나들은 막내인 그를 같이 놀 수 있는 상대로 여기지 않았다. 간섭과 통제의 힘이 미치지 않았으니, 모든 생각과 행동은 순전히 어린 그의 몫일 수밖에 없었다.

돌봐 줄 어른도 없고, 놀아 줄 형제도 없었으니 학교만 끝나면 고삐 풀린 망아지가 되었다. 산으로 들로 걷고 뛰고 구르는 것이 일상사가 되었다. 나무에 올라 과일 따 먹고, 버섯을 캐고, 미꾸라지 잡고, 붕어 잡고… 이만큼 행복한 시절이 어디 있을까 싶다. 그런 자유를 누리면서 습득된 설명하기 어려운 역량들은 어느 순간부터 몇 곱절의 생산적인 에너지가 되었다.

경제의 수죽이던 아버지의 투병과 죽음은 어린 그에게도 빈곤을 감지할 수 있을 정도였기에, 감각적으로 무언가 감당해야 할 것 같은 책임감이 생겼다. 빈곤이란 누군가에게는 견디기 어려운 고통일 수 있지만, 또 다른 어떤 이들에게는 삶의 내공을 쌓을 수 있는 기회도 되는 법이다. 이는 마치 Impossible을 I'm possible로 보는, 좋은 의미의 아전인수(我田引水)로 통찰하는 역발상이다. 이런 원리를 알았을 리 없는 나이였음에도 그의 반응 감각이 놀랍다고 할 수밖에 없다.

그의 얘기는 흥미진진한 드라마처럼 계속된다.

초등학교 4~5학년 때(1980~81년) 주변에 둘러보니 팔 만한 것들이 많아 보였다. 언젠가 은행나무 이파리를 팔면 돈이 된다는 얘기를 듣게 된다. "은행나무 파란 이파리를 모아서 일본에 수출한다는 거예요." 기회다 싶어, 즉시 은행나무 파란 이파리를 따다가 수매업자에게 팔기 시작했다. 그 소문은 금세 동네 꼬맹이들에게까지 알려졌고, 인근 마을로도 퍼져나갔다. 가난한 시절이라, 돈 되는 일이라면 너도나도 달려들었다. 학교를 파하기가 무섭게 아이들이 은행나무마다 매미처럼 매달려 정신없이 이파리를 훑었다. 어른들이 보면 위험천만한 일이었지만 아이들에게는 마냥 신나고 즐거운 일이었다.

동작 빠른 친구들이 손대고 지나간 나무들은 순식간에 벌거숭이가 된다. 흡사 메뚜기떼가 지나간 빈 들판 같다. 겨울이 되기에는 한참 남았는데, 이미 죽은 구상나무 같이 벌거벗은 나무들은 추위를 견뎌야 하는 기간이 그만큼 길었다.

어쨌거나 우물쭈물하다가 어느 순간 자기 몫이 사라질지도 모른다는 것을 알아차렸다. "어, 이거 뭐야. 이러다가 내 차지가 하나도 남지 않겠네! 정신 바짝 차리자"라고 다짐 또 다짐한다.

시골 동네 은행나무들은 원래부터 주인이 따로 없는 나무들이다. 그래서 딱히 재배하는 사람이 있을 리 없다. 그냥 동네 산이나 들에 있는 은행나무를 찾아내어 이파리를 따기만 하면 된다. 그러니 은행나무 이파리를 훑어서 판다고 한들 뭐라고 하는 이가 없었다.

학교 공부가 끝나기 무섭게 쏜살같이 목표로 정한 은행나무로 달려간다. 가지를 끌어당겨 밑으로 처지게 해 놓고 이파리를 훑어 모았다. 어느 날인가 커다란 은행나무를 발견했다. 저거 따서 팔면 좋겠다 되겠다 싶어 점 찍어 놓고 학교 끝나기를 기다렸다. 학교를 파하고 바람처럼 달려갔는데, 아뿔싸! 벌써 다른 친구들이 달라붙어 따고 있는 것이 아닌가. 이계우 대표가 한 발짝 늦었다. 스피드가 경쟁력이 된다는 것을 그때 알았다. 은행나무 자체가 그렇게 많지 않은지라, 이파리가 붙어 있기만 하면 무조건 올라가서 마구 훑었다. 내일은 또 저쪽으로 가서 따야겠다고 생각하고 옆 동네를 가면, 이미 누군가의 손을 거친 뒤였다. 그나마 너무 높아 손이 미치지 못한 가지들에는 이파리들이 그냥 붙어 있었다. 위험하니 누구도 범하지 못한 영역이다.
"어떻게 하면 저걸 훑지?"
궁리에 궁리를 거듭했다. 궁즉통(窮則通)이라는데…
"그렇지! 가지를 자르는 거다!"
나무에 올라가서 기어이 톱으로 중간 가지를 잘랐다. 이게 바로 자칭 은행나무 절단 만행 사건이란다. 어린 나이지만, 당시에 시골에서 자란 아이들은 대부분 톱질을 잘했다. 톱질만이 아니라 고학년 정도 되면 모도 잘 심고, 벼도 잘 베는 등 농사일에도 능했다. 평소에 늘 하던 일이었으니까.

 다른 아이들과 경쟁에서 이기기 위해서 은행나무 중간까지 기어 올라가 가운데 굵은 가지를 톱으로 잘라서 넘어뜨리면 수확할 은행잎이 풍성해진다. 한 가마니씩 따다 팔았다. 자전거로 몇 번 읍내로 날라야 할 정도로 양이 꽤 많았다.

한 자루에 몇십 원씩 쳐 주었다. 그렇게 갖다 팔면 500원도 받고, 300원도 받았다. 당시에는 500원짜리 지폐가 통용되던 때였는데, 초등학교 학생에게 300원이나 500원은 무척 큰돈이었다.

어린 나이에 10원짜리 동전을 가지고 다니기도 어려운 시절이었는데도 불구하고 이 대표는 500원, 1,000원권 지폐를 흔하게 지니고 다녔다니 놀라울 뿐이다. 그를 따라다니던 동네 친구들도 덩달아 돈을 벌었다.

이런 과정을 통하여 이 대표는 난생처음 수입을 내는 체험을 했으며, 돈이 무엇인지 조금은 아는 계기가 되었다. 이런 경험들이 후일 사업하는데 한몫을 한 것이라고 짐작한다.

    아홉 개의 성공 언어

조직문화로서의 자유

규율 위에 세워진 자유로운 문화는

사람들을 가장 창의적이고 헌신적으로 만든다.

- 짐 콜린스 -

독자께서는 스스로 움직이는 형인가, 아니면 지시받은 바를 충실히 이행하는 스타일인가? 후자 쪽이라면 아쿠아픽 조직 풍토에는 걸맞지 않은 사람이다.

이계우 대표는 어린 시절 행복했던 이유에 대해 분명하게 말한다. 예의 그 '자유로움'이 있었기 때문이라고. 그는 기업의 성과도 그런 관점에서 다루고 싶어 한다.

'간섭과 통제·지시는 최소화하되, 자유는 극대화하는 것!'

규정·규제·절차·규칙 등을 즐거움으로 맞이할 사람이 과연 얼마나 존재할까? 인간(영장류)의 뇌는 원래 누구로부터 속박당하거나, 상황에 억압받는 것에 대해서는 극도로 싫어하지만, 성장하고자 하는 욕구에는 매우 친화적이다. 인간의 성취욕구가 가장 빛날 때는 직면한 문제를 해결하기 위해 자기 스스로 판단하고 결정할 때이지 간섭하고, 강요할 때가 아니라는 뜻이다. 직원들에게 근본적으로 필요한 것은 자기결정권이지,

이래라 저래라 간섭하는 상사의 질책이 아니다.

예를 들어, 자녀가 휴일에 고생하는 엄마를 도와주기 위해 청소하려고 마음먹고 있는데, 엄마한테 "○○야, 제발 청소 좀 해라."라는 말을 들었을 때의 기분을 상상해 보라. 이와 유사한 경험은 누구에게나 있을 것이다. 직원들은 성취동기가 유지되도록 자극하는 체계(몰입지원 시스템) 안에 있을 때 비로소 자신이 마치 회사의 주인인 것처럼 애착하고, 몰입한다는 것이다. 그런 의미에서 이 대표의 경영방식(몰입지원 시스템)은 하나의 소중한 자율경영 조직문화로 발전한 것으로 보인다.

2024년 1월에 한국산업단지경영자연합회(KIBA)[3] 몇몇 분들과 미국 시애틀에 있는 마이크로소프트(MS) 본사를 방문하였는데, 거기서 그는 '자율 경영(self-control management)'의 진수를 눈으로 직접 확인하게 되었다. 규모로 미루어 볼 때 아쿠아픽이 MS사와 비교할 바는 아니지만, 자신이 생각한 방향이 틀리지 않았다는 사실을 입증하는 계기가 되었다고 한다. MS사는 직원들에게 이래라저래라, 또는 하지 마라와 같은 일방적인 지시형 리더십 풍토와는 거리가 먼 회사로서, 오늘날 세상을 좀 더 살기 좋은 곳으로 바꾸고자 노력 중이다. 그 모습에 이 대표의 마음 또한 고무되었을 것으로 짐작한다.

아직도 많은 기업은 신입직원이 "이번에 땅콩 농사지으면 어떻겠습니까?", 또는 "사과 농사를 지으면 어떻겠습니까?"라고 제안하면, 선배라는 사람들이 "이미 다 해 봤어", "그거 안 돼"라는 말로 되받아치는 경우가 많

---

3) 이계우 대표는 2025년 현재 한국산업단지경영자연합회(KIBA) 8대 회장 직책을 맡고 있다.

                    아홉 개의 성공 언어

지 않을까 싶다. "괜히 애쓸 필요 없어", "긁어 부스럼 만들지 말고 놔둬", "웬만하면 하지 마. 그렇다고 월급 더 주지 않아", "그거 할 바에는 지금까지 해 온 배 농사나 열심히 지어"라는 반응으로 의욕을 꺾는다. 그렇게 3~4년 지나다 보면 의욕이 충만한 직원들은 다 나가고 서로 비슷한 사람들만 남게 되는 것이다.

이계우 대표는 다음과 같은 메시지로 우리를 각성시킨다.
"MS사는 좀 다르더군요. 의견을 내면, 그 사람에게는 예전의 똑같은 실패 사례를 감춘다고 합니다. 전에 했던 선배들의 실패 사례가 있었음에도, '그럼 어떻게 하면 되겠어? 한번 잘 연구해 봐'라고 반응하는 겁니다. 그러고 기다리다 보면 그 선배들이 생각 못 했던 아이디어가 톡톡 튀어나온답니다. 예전과 뭔가 좀 다른 게 있다면, 그 자리에서 화끈하게 인정해 주는 분위기입니다.
물론 그렇다고 다 성공하는 건 아닌데 그렇게 하다 보면, 새로운 아이디어에 편승해서 또 새로운 아이디어로 발전하고…, 결국 완성도가 높은 아이디어로 구체화하는 거 아닐까요?"

이계우 대표는 사업 아이템, 미래의 사업 방향, 조직 운영에 이르기까지도 지나가다가 그냥 툭 던지듯 직원들한테 묻기만 한단다. "요즘에 어떻게 지내나?", "별일 없나?", "뭐가 좋겠나?" 등등.
그리고 예를 들어, 직원으로부터 "대표님! 이런저런 문제가 좀 발생했어요."라고 보고받기도 할 텐데, 그때는 "그래? 그럼 자네는 어떻게 했으면 좋겠어?", "자네는 어떻게 생각해?"라고 되묻는다. 이렇게 코칭 리더십이 사내에 보편화되다 보면 보고하기 전에 이미 자신의 의견이나 아이디어를 가지고 가기 때문에 결과가 좋을 수밖에 없을 것이다.

평상시 이 대표가 제일 많이 하는 질문은 "별일 없나?", "자네는 어떻게 생각하는데?" 두 가지로 압축된다니, 필자들이 젊은 시절 이런 회사를 경험하지 못한 것이 못내 아쉽기만 하다.

경영자로서 자율적이고 열린 소통 문화가 정착된 것은 대표와 직원들 모두에게 매우 뿌듯하고 기쁜 일일 것이다.

"사실 이런 분위기는 유년 시절부터 익숙하게 접해 왔던 것들인데, 수십 년이 지난 지금까지도 그대로 연장되어 재연되고 있다는 게 신기합니다." 이 대표의 얼굴에 환한 미소가 번진다.

그의 스토리를 듣다 보면 기업경영과 '자유로움'은 결코 대립하는 개념이라고 얘기할 수 없겠다는 생각이 강하게 든다. 유교적 기풍에 익숙한 세대가 주류를 이루는 전통적이며, 위계적 집단으로써는 다소 적용하기 어려울 수 있지만, 스타트업이나 MZ 세대로 구성된 조직에는 훌륭한 벤치마킹 대상이 될 수 있을 것이다. 물론, 그것이 하나의 조직문화로 자리 잡기까지는 오랜 시간이 필요하겠지만 말이다.

아홉 개의 성공 언어

질서 없는 자유는 난잡하다

자유는 방향 없는 바람이 아니라,

도덕과 질서라는 돛을 단 배와 같다.

- 알렉시 드 토크빌 -

자유는 좋은 것이지만, 거기에 규율이나 질서가 소홀히 다루어질 때는 결과가 참혹해질 수 있음도 명심해야 한다. 신파(新派) 스토리 같지만 손에 잡힐 것 같은 이야기 한 토막이 있어 소개한다.

어떤 젊은 사형수에게 마지막 소원이 뭐냐고 물었다. 어머니와 만나게 해 달란다. 사형수가 마지막으로 어머니 모습을 보고 절하며 못난 아들의 불효를 용서해 달라는 장면이 예상되지 않는가?

이승에서 마지막으로 보는 것이니, 사형 집행 전에 포승에 묶인 채로 일반 면회실이 아닌 곳에서 직접 대면하게 배려해 줬다. 그런데 경악할 상황이 벌어진 것이다. 어머니에게 가까이 다가간 사형수가 갑자기 모친의 귀를 물어뜯는 게 아닌가. 예상치 못했던 상황에 교도관들이 기겁하면서 뜯어말렸다.

사형수는 노대체 왜 그런 알 수 없는 행동을 하게 된 것일까?

사형수가 말하길 "내가 어렸을 때, 이웃집에서 바늘을 그냥 몰래 가져온

적이 있었습니다. 어머니는 그게 옳지 않은 행동인 줄 알면서도 나를 야단치지 않았습니다. 그때 이후로 나는 남의 것을 훔치는 것이 그렇게 나쁜 일인지 모르고 자라게 되었습니다. 커 가면서 점점 큰 물건을 훔치게 되었고, 결국 이 지경에 이르렀지 뭡니까. 바늘을 훔쳐 왔을 때, 어머니가 야단만 한번 쳐 주셨어도 지금 내가 이런 모습이 되지는 않았을 것입니다.”

바늘 도둑이 소도둑 되고, 결국은 모두 망하게 할 수 있다는 경고성 메시지를 함축하고 있다. 자유에는 반드시 책임이 따르는 법, 모든 것이 가하나 모든 것이 유익할 수 없는 것이 세상 이치 아니겠는가.

부친이 돌아가신 후 이 대표는 어머니로부터 늘 “나는 너를 믿는다. 애비 없는 자식이라 그렇다는 말을 들어서는 안 된다.”라는 말을 귀가 따갑게 듣고 자랐다. 그 말은 행여나 잘못된 길로 들어설지도 모르는 막내아들에 대한 경고로 작용하기도 했다.

이런 분위기는 어린 시절 통제되지 않은 자유를 적절하게 조절할 수 있는 수단이 된다. 어쨌든 이 대표가 ‘근본 없는 놈’이란 비난을 면키 위해 스스로 삼가 조심하며 지낼 수 있었던 것은 주위의 관심과 살핌이 크게 작용했던 것으로 보인다. 그것은 특히, 중·고등 시절 순간순간 솟아오르는 질풍노도를 누그러뜨리는 데는 더할 나위 없이 좋은 장치로 작용했다.

호기심이 도를 넘으면 탈선으로 향한다. 중학교 시절은 조금 컸다고 친구들이랑 어울려 다니면서 어른들이 하지 말라는 일만 골라서 하고 싶은 천방지축의 시기가 아닌가. 중학교 2학년 전후는 사춘기 정점의 시기다.

아홉 개의 성공 언어

탈선하는 열차에 몸을 싣고 달리기에 딱 좋은 나이다. 무서워해야 할 가장 큰 대상인 아버지가 세상에 안 계시니 그럴 만도 했다.

흔들릴 수밖에 없는 시기에 믿어주고, 의지할 수 있는 기둥이 되어 주는 누군가가 한 사람(이른바, 기댈 언덕)만 있어도 극단적 이탈을 막는 효과가 있다.[4] 중학 시절에는 담임 선생님이 바로 그 역할을 해 주셨다.

"제가 다녔던 교회 중고등부 주일학교 교사 중 여성 한 분이 계셨는데, 공교롭게도 그분이 바로 우리 학교(청양중학교) 담임 선생님이셨지 뭡니까."

욕망이 하늘을 찌르던 그때 그 시절, 학교에서 친구들이랑 원 없이 놀고 싶고 까불고 싶고 어울려 나쁜 짓도 하고 싶었을 것이다. 그걸 억누르는 게 여간 힘든 일이 아니었을 것이다. 그러나 토요일과 주일마다 교회에서 담임 선생님을 마주해야 하는 상황이라, 그분 앞에서만큼은 모범생으로 보이고 싶었다. 사실 겉과 속이 다른 학생으로 지냈을 수도 있었을 것이다.

그런데 선생님은 사춘기 제자의 그런 내면을 꿰뚫어 보셨는지,

"너, 계우! 교회에서는 조용하게 얌전한 척하면서, 학교에서 까부는 짓 하지 마."라는 경고 메시지로 그를 잡아 주셨다. 결과적으로 그런 신앙적 분위기로 인하여 이 대표는 내적으로 성숙해지는 계기가 되었다고 고백한다.

고등학교 시절, 중학교 담임 선생님 역할의 바통은 큰형님으로 이어졌

---

4) 김주환, 회복탄력성, 위즈덤하우스, p.54

다. 옥천고등학교를 다녔던 이계우 대표는 마침 인근 고등학교에서 교편을 잡고 있던 맏형으로부터 "너 학교에서 까불며 다니지 말고 예의 바르게 생활해야 한다"라는 훈육을 늘 들을 수밖에 없었다. 중학교 담임 선생님으로부터 들었던 예의 그 "까불지 마"는 형님 버전으로 바뀌었을 뿐이었다. 이런 인연들이 모여 결국 질풍노도의 터널을 무사히 통과할 수 있었던 것은 분명 행운이라 할 수 있겠다.

정직

01

정직 경영, 과연 가능한가?

진실을 말하는 것이 더 적은 고통을 가져다준다.

- 토머스 제퍼슨 -

유치한가? 기업 경영에 '정직'이라니!

초등학교 교실 칠판 위에 걸어 놓을 급훈으로나 쓰이려나. 때로는 Honesty is the best policy(정직이 최선의 정책이다.)라는 중학교 영어 교과서의 한 구절을 떠올리게 한다.

정직한 제품, 정직한 서비스, 정직한 원료 사용, 정직한 함량, 정직한 인적자원 등등. 따지고 보면 세상을 좀 더 아름답고, 선한 곳으로 만드는 데 정직보다 중요한 게 있을까 싶다. 오늘도 각종 미디어는 정직하지 않은 실태를 보도하기에 바쁘다. 이런 현상들을 보면 인간은 원래 태어날 때부터 선하다는 맹자의 성선설(性善說)보다는 천성적으로 악하다는 순자의 성악설(性惡說) 쪽에 줄을 서고 싶어진다.

어른과 아이를 막론하고 사람이 도대체 얼마나 거짓된 삶을 살고 있기에 '정직'을 캐치프레이즈로 내걸고 지키려고 노력하는 것일까 싶다. 모든 덕목이 그렇듯이, 액자에 걸어 놓는다고 지켜질 리 만무하다. 정직·성실·책임 등과 같은 추상적 개념들은 원래부터 해석과 판단의 기준이 개별적이며, 주관적이라서 삶의 현장과 구체적으로 연계하여 학습하지 않으면 자칫 상투적인 선언으로 끝나기 쉬운 것들이다. 일상의 변화와 관련이 없는 관념은 허구일 수 있다는 뜻이다. 화려한 언어적 수사(修辭)들을 경계해야 하는 이유가 거기에 있다. 그래서 경험이 없는 사고(思考)는 공허하며, 개념 없는 직관은 맹목적이 되기 쉽다.

선의의 거짓말은 정직한 행위인가 아닌가? 또는 돈이 없는 사람이 남에게 잘 보이기 위해 외모를 잘 꾸미고 다니는 것은 정직한 행위인가 아닌가? 그러고 보니, 지금까지 살아오면서 구체적으로 어떤 것이 정직한 행위인지에 대해 배워 본 기억이 별로 없는 듯하다.

정직하면 오히려 손해 본다는 얘기도 있고, 숨이 턱턱 막히는 경쟁의 한복판에서 생존해야 하는 비즈니스 세계에서 바른길을 유지한다는 것은 결단코 쉬운 일이 아니다.

정직을 비즈니스 모토로 삼고 끊임없이 노력하는 기업들이 있어 여기에 몇 가지 사례를 소개한다.

교세라(Kyocera)

교세라의 창립자 이나모리 가즈오는 '사람이 바르게 사는 길'이라는 경영 철학을 바탕으로 조직을 운영한 경영자로 알려 져 있다. 그의 경영 원칙은 정직과 투명성을 중시하며, 모든 의사결정에서 윤리적 책임을 강조한다.

'아메바 경영'[5]이라는 독특한 경영방식을 통해 사원들이 스스로 수익과 손실을 관리하도록 하고, 모든 직원이 회사 운영의 주체가 되도록 하였다. 또한 그는 회사를 구조 조정이나 감원 없이 운영하려는 철학을 가지고 있었으며, 직원들이 오랜 기간 안정적으로 근무할 수 있는 환경을 제공했다. 그의 투명하고 정직한 경영방식 덕분에 교세라는 어려운 경제 상황 속에서도 성장을 이어 갈 수 있었다.

파타고니아(Patagonia)

환경친화적인 아웃도어 브랜드인 파타고니아는 정직한 경영으로 내세울 만하다. 파타고니아는 기업 활동이 환경에 미치는 영향을 최소화하고, 투명하고 윤리적인 운영을 통해 소비자와의 신뢰를 쌓아왔으며, '지속가능한 제품'을 강조하며 제품 생산 과정에서 환경과 노동자 권리를 존중하고자 노력하고 있다.

파타고니아는 리사이클링(Recycling)된 재료와 친환경 소재로 제품을 만드는 것뿐만 아니라, 오래 사용할 수 있는 제품을 만들어 고객들이 불

---

5) 조직을 작고 독립적인 팀(아메바)으로 분할하여, 각 아메바가 독립적으로 운영되도록 하는 시스템이다. 이 방식을 통해 기업은 각 팀이 주도적으로 책임을 갖고 목표를 설정하고 실적을 관리하도록 유도한다.

아홉 개의 성공 언어

필요한 소비를 줄이도록 유도한다.

'Don't Buy This Jacket. (이 재킷 사지 마세요)'이라는 광고 캠페인으로 필요 없는 구매를 자제하라는 메시지를 전달함으로써 소비자들에게 깊은 인상을 남겼다. 이런 정직한 마케팅과 경영 철학은 고객들에게 신뢰받는 브랜드로 자리 잡는 데 크게 공헌했다.

존슨앤존슨(Johnson & Johnson)

먼저 이 기업의 핵심 가치를 들여다보면 장황한 것 같지만 지향점이 매우 분명하다는 것을 알 수 있다.

'제품개발에서 유통, 서비스에 이르기까지 모든 면에서 고객을 위해 좋은 일인가?

고객을 위해 할 일인가?

고객을 위해 무엇을 할 것인가를 먼저 생각한다.'

이 기업의 핵심 가치가 언제 제정된 것인지는 모르지만 이를 지키고자 하는 집착과 노력이 얼마나 치열했는지는 1982년 '타이레놀 독극물 사건' 수습 과정을 통해서 잘 알 수 있다.

1982년, 시카고의 한 슈퍼마켓에서 두통약 타이레놀을 사서 복용한 소비자가 무려 7명이나 사망하는 충격적인 사고가 발생했다. 누군가가 타이레놀 캡슐에 독극물을 주입한 것이다. 소위 '묻지 마' 살인 행각을 벌인 것이다.

당시 존슨앤존슨 회장인 제임스 버크(James Burke)는 사건 발생 후 3시간 만에 언론에 나와 해당 사건에 대해 다음과 같이 발표한다.
"사건 발생 경위와 전모에 대해 아직 밝혀지지 않았으며, 해당 제품이 어느 공장에서 생산된 것인지 확인이 안 되고 있으니, 지금, 이 시간부터 누구도 타이레놀을 복용해서는 안 됩니다. 그리고 이 시간 이후 미국 내에서 유통되고 있는 타이레놀을 전량 수거·폐기하도록 조치하겠습니다. 또한 희생자 가족들에게는 최대한 보상할 것을 약속드립니다."
결코 쉬운 결정이 아니었을 것이다.

이 사건 이후 타이레놀 시장점유율은 35%에서 5%로 떨어졌으며, 막대한 비용을 들여 유통되는 모든 타이레놀을 수거하여 폐기 처분함으로 인하여 발생한 손실이 무려 1억 달러에 이른 것으로 알려졌다.
당시 기업의 손실은 컸지만, 고객의 안전을 최우선으로 한 이 조치는 큰 신뢰를 얻는 계기가 되었고, 윤리경영의 시초가 되었다고 전해지고 있다.

정직한 경영은 일시적인 이익을 추구하기보다, 장기적인 관점에서 신뢰를 쌓고, 이해관계자들에게 긍정적인 영향을 미치려는 철학을 바탕으로 한다. 이는 단순한 이미지 관리를 넘어, 회사의 지속 가능성을 높이는 중요한 전략이 된다.

02

정직 탐구

정직은 최고의 정책이 아니라, 유일한 정책이다.

- 존 C. 맥스웰 -

좀 따분한 일이긴 하지만 이왕 얘기가 나왔으니, 어떤 것이 정직한 자세인지에 대해 정리해 보는 것도 괜찮겠다 싶다.

정직이란 다른 사람이나 자신에게 거짓말을 하지 않고, 사실을 있는 그대로 진실하게 행동하는 것을 의미한다. 정직한 행동 속에는 우리의 생각과 말, 행동이 일관되고 진실성을 함축하고 있다고 할 수 있다.

이는 개인의 신뢰성을 형성하고 사회적 유대감을 강화하는 데 있어 매우 중요한 덕목이다. 그래서 우리는 그런 사람을 존경해 마지않는 것이다.

정직은 단순히 진실을 말하는 것을 넘어 자신의 가치와 신념에 따라 행동하는 것, 잘못을 인정하고 책임을 지는 태도에서도 나타난다. 예를 들어, 일하다가 실수했을 때 그것을 숨기거나 변명하지 않고 사실을 인정하고 개선하려고 노력하는 것이다. 그렇다면 이 지극히 추상적인 단어를 현실의 삶에 적용하기 위해서 실천해야 할 사항들은 어떤 것들이 있을까.

첫째, 자신에게 솔직해지는 것이다. 자신에게 솔직함이란, 자신의 감정,

생각, 욕구, 한계 등을 숨기지 않고 그대로 인정하고 받아들이는 태도를 의미한다. 이는 자기 내면을 꾸미거나 미화하지 않고, 있는 그대로 바라보려고 하는 것이다.

자신에게 솔직해진다는 것은 자기 자신에 대한 깊은 이해와 연관이 있다. 때때로 우리는 사회가 바라는 모습, 혹은 타인이 원하는 모습에 맞추기 위해 진짜 자신의 감정을 억누르거나 부정할 때가 많지 않은가. 심리학적 용어로 얘기하자면, 페르소나(Persona)적 자세 말이다. 하지만 그렇게 계속 안과 밖이 다른 모습으로 살아가다 보면 진정한 자신과 멀어지기 쉽고, 대인 관계에서 누리게 될 즐거움이나 만족감을 느끼기 어려워지며 궁극적으로 자기 정체성을 상실한 채 껍데기 인생을 살아가게 된다.

　둘째, 책임 있는 행동을 한다. 잘못했을 때 이를 인정하고, 수용하며, 회피 없이 책임을 지려는 자세는 공동체를 유지하는 데 대단히 중요한 조건이다. 누군가의 책임회피, 또는 책임 전가는 공동체가 해체될 수 있는 최적의 분위기를 만드는 데 일등 공신임을 명심해야 한다.

먼저, 잘못을 인정하고 진심으로 사과할 수 있어야 한다.

자신의 실수를 명확하게 인정하고 변명하거나 다른 사람에게 책임을 돌리지 않고, 진심으로 잘못을 인정할 때 비로소 해결책을 찾는 과정이 시작되기 때문이다.

나의 잘못으로 인해 물질적·정신적 피해를 입은 사람에게 진심으로 사과하는 것이야말로 책임 있는 행동의 중요한 부분이다. 이때, 피상적인 사과가 아니라 주위에 어떤 영향을 미쳤는지 이해하고, 미안함을 구체적으로 표현하는 것이 중요하다.

그다음에는 문제 해결에 적극적으로 나서야 한다.

잘못이 초래한 문제를 해결하거나 최소화하려는 구체적인 행동을 취하는 것이 필요하다. 예를 들어, 업무 실수라면 그로 인한 영향을 줄이기 위해 추가적인 일을 하거나, 개인적 관계에서의 실수라면 상대방이 입은 피해를 보상할 방법을 찾아보는 등 실제 행동으로 책임을 지는 것이 중요하다.

세 번째는 재발 방지를 위해 노력하는 것이다. 같은 실수를 반복하지 않기 위해 개선하려는 노력 역시 책임 있는 태도의 중요한 부분이라고 할 수 있겠다. 이를 위해 자기 행동이나 습관을 돌아보고, 필요한 경우 새로운 방법을 배우거나 시스템을 수정하는 등으로 조치할 수 있을 것이다.

네 번째는 결과에 대해 기꺼이 감수하는 자세를 갖는 것이다. 잘못에 대해 책임을 진다는 것은 때로 그에 따른 불이익이나 비판도 감수하는 것을 의미한다. 예를 들어, 신뢰가 흔들리거나 불이익을 받더라도 이를 회피하려 하지 않고 받아들이는 자세를 가짐으로써 그런 풍토가 문화로 자리 잡는 데 긍정적인 역할을 하게 된다.

이상의 내용을 통해 알 수 있듯이 정직은 개인의 내면적 성장을 도울 뿐만 아니라, 사회적으로 신뢰와 존경을 얻는 데 중요한 역할을 한다. 기업의 속성상 정직하게 드러내기보다는 숨기거나 회피, 혹은 거짓 증언을 하고 싶은 유혹에 빠질 기회가 얼마나 많겠는가? 그렇다고 공개하지 않아도 될 것까지 솔직해야 한다는 이유로 일부러 내보일 필요는 없겠지만 말이다.

　의미 있는 스토리가 있어 여기에 간단히 소개한다. 『해리 포터』 시리즈
가 전 세계적으로 성공하기 전, J.K. 롤링은 어려운 경제 상황 속에서 첫
번째 책을 집필했다. 그녀는 여러 출판사에 원고를 보냈으나 대부분 거
절당한다. 결국 한 소규모 출판사에서 계약을 제안받았으나, 출판사 측
은 대중적 성공 가능성을 낮게 평가한 나머지 초기 인쇄 부수를 최소화하
려고 했다.

그러나 롤링은 자신의 글에 대한 신념을 굽히지 않았으며, 다른 곳과 계
약을 하면 더 많은 돈을 받을 수 있었으나 정직하게 원래의 출판사에 협
력하며, 과장된 약속이나 지나친 상업적 제안에 의존하지 않고 작품의 가
치를 솔직히 전하는 데 집중하였다.

출판사와의 정직한 협력 관계는 해리 포터의 성공으로 이어졌는데, 『해
리 포터』는 전 세계적으로 5억 부 이상 판매됨으로써 출판사와 롤링 모두
에게 엄청난 성공을 안겼다.

　정직함이란 때로 우직함의 다른 표현일 때가 있다. 눈앞의 작은 이익에
휘둘리지 않는 자세는 상대방에게 깊은 신뢰를 줌으로써 아름다운 관계
가 오래 이어지는 바탕으로 자리 잡는다.

아홉 개의 성공 언어

03

내 것이 아닌 것을 탐하지 마라

남의 것을 바라지 말라.

그것은 당신의 평화를 빼앗는다.

- 탈무드 -

이계우 대표의 정직에 대한 집착은 분명 남다르다. 도대체 그가 거기에 홀리듯 매달리는 이유는 무엇일까?

역사적 배경이 있다. 먼 과거로 거슬러 올라간다. 어린 시절 아버지로부터 받은 엄격한 훈육의 결과임이 분명해 보인다. 그의 아버지는 '정직'이라는 추상적 단어를 손에 잡히듯 확실하게 구체화함으로써 식구들이 실행할 수 있도록 했음을 알 수 있다.

내 것이 아닌 것에는 절대로 손대지 마라

"정직해야 한다!" 이계우 대표가 유년 시절 아버지로부터 귀에 못이 박히게 들었던 말씀이다. 특히 소유의 문제, 즉 '내 것과 네 것'에 대한 구분에 주상같으셨던 분이다. 내 것이 아닌 것은 어떤 것도 절대 건드려서는 안 된다는 것이다. 심지어 땅에 떨어진 나무 조각 하나라도 내 것이 아니면 거들떠보지 말라는 것이 그분의 지론이었다고 한다. 그러면서 스스로 땀 흘려 얻을 것을 강조, 또 강조하셨다. 그분의 평소 성품을 적나라하게 들여다볼 수 있는 아주 적절한 사례가 있어 여기 소개해 본다.

이계우 대표가 초등학교에 다녔던 시절 교실은 대부분 마룻바닥이었다. 그러다 보니 오래된 교실은 갈라진 곳이 종종 보였고, 그곳으로 각종 소지품이 떨어지는 게 다반사였다. 연필, 볼펜, 지우개, 동전 등등이 책상 위를 구르다가 마룻바닥 틈새로 떨어지면 속수무책이었다. 마루 밑으로 들어갈 수 없었으니, 아이들 대부분은 떨어진 자기 소지품을 포기할 수밖에 없었다.

1977년 이 대표가 초등학교 1학년 때 일어난 일이다. 어느 날 그가 마루의 갈라진 틈새로 밑을 내려다보니 지우개, 연필들이 많이 보였다. 그리고 교실 벽 쪽에서 한 줄기 빛이 들어오고 있었다.
밖으로 나갔다. 건물 기둥 옆 벽 밑으로 어린아이가 겨우 기어들어 갈 수 있을까 말까 한 좁은 공기 구멍이 있었다. 먼지투성이 바닥을 엎드려 기어갔는데, 연필이 여러 자루 있었다. 쓸 만한 것들을 한 움큼 손에 쥐고 들어갈 때의 그 자세로 밖으로 빠져나왔다.

비록 대부분이 몽당연필이었으나 마음은 부자가 된 느낌이었다. 볼펜 뚜껑에 각지를 끼워 사용하려고 그것들을 방에서 깎고 있는 것을 아버지가 보셨다.
"계우야, 너 뭐 하냐?"

    아홉 개의 성공 언어

옆에 또 잔뜩 쌓여 있는 연필들을 보시더니, "너 그거 다 어디서 난 거냐?" 라고 물으신다.

남들이 찾지도 않고 버려진 것을 주워서 깎아 쓰는 것은 무엇보다 좋은 일이라 생각했지, 잘못했다는 생각은 도무지 들지 않았다. 오히려 아버지한테 칭찬받을 만한 일이라고 여겼기에, "아버지! 교실 마루 밑에 연필이 떨어져 있는 것을 보고, 바깥에 구멍으로 들어가서 제가 다 주워 왔어요. 지금 볼펜에 끼워서 몽당연필로 쓰려고 깎고 있어요."

자랑스럽게 말했다.

"그래? 참 잘했구나!"라고 하실 줄 알았는데, 웬걸 아버지로부터 엄청나게 야단맞았다.

"그거 다 누구 거냐?"

"제가 주웠는데요. 아버지, 이거 주인 없는 거예요. 언제 떨어졌는지도 모르고, 누가 잃어버렸는지도 모르는 것들인걸요."

"세상에 주인 없는 물건이 어디 있냐? 당장 제자리에 갖다 놔라. 그거 네 거 아니잖아. 왜 그런 걸 갖고 오고 그러냐. 네 거 쓰면 되지! 네 거 아니면 절대로 손대지 마라. 길바닥에 떨어진 돈도 네 것이 아니면 줍지 말거라. 네 것도 아닌데, 주인이 누군지 모른다고 네 것처럼 마음대로 하면 되겠느냐. 잃어버린 사람은 어떤 심정일지 생각해 봤느냐?"

아버지 말씀이 계속 꼬리를 물며 이어진다.

"돈이든 연필이든 주인을 찾아서 주려면 제대로 찾아주든가, 그렇지 않을 거면 만지지도 마라."

당시에는 어린 마음에 답답함과 서운함이 있었지만, 무언가 마음 깊은 곳에 아버지 음성이 각인된 게 분명하다. 아버지의 이런 엄한 훈육은 오늘날 이 대표의 삶에서 요행을 바라지 않고, 스스로 땀 흘려 노력하는 자세를 유지할 수 있는 근력으로 작용하고 있을 것으로 확신한다.

일상에서 '정직한 행위'가 쉽지 않은 이유가 있다. 어디까지가 정직이고, 어디까지가 그렇지 않은지에 대한 기준이 모호하기 때문이다. 우리는 '정직하다'는 것과 '융통성이 없다'는 것을 동일시하는 문화 속에 살고 있다고 생각할 때가 있다. 그런 주관성 때문에 기업에서는 윤리경영 분야를 시스템으로 다루고 있다. 객관성을 유지하고자 하는 차원의 노력이다.

6천만 원짜리 돈가방

이계우 대표의 흥미진진한 정직 스토리는 계속 이어진다.
20대 중반 서울 후암동 있는 ○○고시원에 기거하면서 저녁에는 학원에 다녔던 시절의 이야기다. 학원과의 거리가 꽤 떨어져 있어서 시간과 돈을 아낄 요량으로 50cc 오토바이를 몰고 다녔다.
어느 추운 겨울 저녁, 여느 날처럼 오토바이 타고 후암동 거리를 지나는데 덜커덕하고 무언가 바퀴에 걸렸다. 도로에 튀어나온 보도블록이겠거니 하며 별생각 없이 십여 미터를 더 직진했다. 문득, 어두운 곳이라 누군가 잘못하면 사고 날 수 있겠다는 생각이 들었다. 귀찮지만 그 장애물을 치워 놓고 가기 위해 오토바이를 세워 놓고 지나온 그곳으로 되돌아갔다. 그런데 놓인 것은 네모진 벽돌이 아니라 넓은 보도블록만 한 크기의 가방

    아홉 개의 성공 언어

이 아닌가? 누군가 컴컴한 곳에 가방을 떨어뜨린 것이다. 인적이 드물고 어두운 곳이라, 어찌할까 잠시 망설이다가 입고 있는 점퍼에 그것을 품고 학원으로 이동했다.

가방을 열어 보니 현금과 수표로 꽉 채워져 있는 게 아닌가? 세상에! 가슴이 콩닥거려 도무지 강의 내용이 귀에 닿지 않았다. "어떻게 하지?" 머릿속이 하얘졌다.

마음을 가다듬고 고시원으로 와서 다시 열어 봤는데, 6천만 원이다.

그 액수라면 당시(1994년) 서울에서 웬만한 집 한 채쯤은 살 수 있는 돈이다.

　고시원 총무였던 그는 부총무에게도 그걸 보여 주면서 자초지종을 말하고 의견을 구했다. 그리고 최대한 빨리 주인을 찾아 줘야겠다고 마음먹었다. 가방 임자에 대한 정보가 어디 있을까 싶어 가방 안팎을 샅샅이 뒤졌다. 다행히 주식 청약서가 있었고, 거기에 주소와 집 전화번호가 있는 게 아닌가. 일단 안심이 되었다.

그런데 시간이 밤 11시 경이라, 늦은 시간에 전화하는 게 결례가 될까 봐 바로 전화할 생각을 못 하고, 다음 날 아침에 전화하리라고 마음먹었다. 잃어버린 사람의 애타는 심정까지는 미처 헤아리지 못했다. 나중에 생각해 보니 늦은 시간에라도 곧바로 전화했어야 하는데, 잠시 판단을 잘못한 것이 못내 아쉬움으로 남았단다.

　아침 6시에 전화기를 들었다. 놀랍게도 신호가 떨어지자마자 상대방이 받는다. 얼마나 애가 타게 벨 소리를 기대했을까. 보나 마나 오그라든 심장을 부여잡고 긴 밤을 꼬박 새웠으리라.

"여보세요? 제가 돈 가방을 주웠는데, 김○준 씨 맞으세요?"

"어디세요?"

"여기 그 동네 옆에 있는 ○○ 고시원인데, 돈 가방을 습득했어요. 제가 댁으로 가져다드릴까요?"

내비게이션이 없을 때라, 집 주소만 보고 찾아가기가 어려워 서로 알 만한 장소를 골라서 만나자고 했다.

저쪽에서 "힐튼 호텔 로비로 나올 수 있어요?"라고 묻는다.

이른 새벽에 오토바이 타고 달달거리면서 후암동에서 남대문 근처에 있는 힐튼 호텔까지 갔다.

힐튼 호텔 로비에 도착해 보니, 가방 임자인 김○준 씨 내외와 6~7살짜리 아들과 딸, 그리고 그분의 장인·장모가 나와 있었다. 가족 전체가 같이 나왔지 싶다. 한걸음에 달려왔을 것이다.

가방을 보더니 마치 미친 사람처럼 와락 달려들어 껴안는다. 잠시 가방을 살펴보더니, 한 푼도 없어지지 않고 그대로 남아 있는 것을 확인하고는 안도의 숨을 쉰다.

"정말 고맙습니다. 젊은이."

일이 잘 마무리되었다고 생각하고, "다행입니다. 이젠 됐죠? 저는 이제 가 보겠습니다."

그러더니 잠깐, 차 좀 마시고 가잔다.

"호텔에서 무슨 차를…, 값이 얼만데…" 속으로 그렇게 생각하면서 "그냥 가시지요. 일이 잘 끝났으니 저는 이만 가겠습니다."

함께 온 부인이 잡기에, "저 학원 가야 돼요." 그랬더니 "아, 잠깐만요.

 아홉 개의 성공 언어

KBS에 내가 아는 사람이 있는데 이거 인터뷰 해야 돼요.”

“무슨 말씀이세요. 저 갑니다.”

이번에는 장인이 나선다. “젊은이, 이거 큰돈인데 찾아 준 사람에게는 법적으로 보상금을 몇 %는 줘야 하는 거야.”

이런 경우 보상금을 10~20% 정도 줘야 한다는 법이 있다는 것을 그때 처음 들었다.

“얼마 주면 되겠나?”

“돈을 왜 받습니까, 제 것도 아닌데.”

“공부하는 것 같은데, 조금이라도 줄 테니까, 그거라도 받아 줬으면 좋겠네. 이렇게 큰돈을 찾아 줬는데 고마워서 그러네.”

“제가 돈 받으려고 이거 갖고 왔겠어요? 갈게요. 저 바빠요!”

그렇게 도망치듯 뿌리치고 나왔다.

　며칠 후 김○준 씨는 이 대표가 있는 고시원으로 직접 찾아왔다. 첫 통화 때, 후암동에 있는 ○○ 고시원이라고 한 것을 기억하고 있었다. 호텔에서 처음 만났을 때보다는 다소 차분하게 대화를 나누었다. 자기가 누구고 아무튼 고맙다면서 돈 가방을 잃게 된 자초지종을 쭉 말한다.

보험회사 다니는 사람인데, 보험금을 지급하려고 은행에서 찾은 돈을 가방에 차곡차곡 잘 넣어서 차 뒷자리에 두었단다. 마침 겨울이라 입고 있던 코트를 반으로 접어서 돈 가방을 감싸듯이 같이 잘 놓아두었다. 그런데 운전하고 가다가 잠깐 어디 들렀다 간다고 차를 세우고, 추우니까 뒷자리에 있던 코트를 뺀다는 것이 그만 돈 가방을 길바닥으로 떨어뜨린 것이다. 그런 것도 모르고 코트를 걸치고 볼일 다 본 후 차를 타고 다음 목적지로 향했단다.

어쨌든 이계우 대표는 아버지가 "길바닥에 떨어져 있는 나무때기도 손대지 말라. 자기 것이 아니면 절대 손대서는 안 된다."라는 가르침을 착실하게 실천한 것이다.

이 대표가 끝까지 보상금 받기를 거절하자 김○준 씨는 그 후로도 몇 번 더 고시원에 들렀다. 그러던 어느 날이었다.

"자네 고향이 어딘가?"

"충남 청양인데요."

"이제 곧 겨울인데 계속 여기 있을 건가?"

"잠깐 시골에 좀 내려가려고 합니다."

"자네 고향이 청양이라고 그랬잖아. 나 안내해서 칠갑산 구경 좀 시켜 주게. 서울에서부터 내가 집까지 태워다 줄게."

그분 가족과 함께 간다고 하니, 이왕에 이 대표도 가져갈 책 같은 짐들도 있고 해서 흔쾌한 마음으로 동행하기로 했다.

　약속한 날짜에 고향 청양에 도착했다. 김○준 씨 가족은 그냥 간단하게 인사만 하고 헤어질 거라는 생각에 어머니에게는 "손님과 함께 간다"라는 기별을 못 드렸다. 그런데 웬걸, 김○준 씨가 차에서 내리더니 과일이랑 선물 같은 거 잔뜩 가지고 집안으로 같이 들어오는 게 아닌가.

"들어가시게요?"

"어머니 혼자 계신다면서? 인사 좀 드리려고…"

그러면서 어머니가 있는 방으로 성큼 들어서니, 어머니께서 크게 당황해하신다.

　　　　　　　　　　　　　　　　　　아홉 개의 성공 언어

"누구~세요?"

갑자기 자초지종을 설명하려니 그야말로 대략 난감이다. 더듬거리며 "예전부터 서울에서 그냥 아는 분인데, 칠갑산 구경 오신다길래 집까지 차 태워 주셔서 함께 왔어요." 왠지 설명이 매끄럽지 못하고, 부실하다.

"어머니! 이계우 학생이 제 돈을 찾아 줘서 저희가 죽었다 살아났어요. 너무나 고마워서 사례를 좀 하려고 했는데 도무지 말을 듣지 않아 이렇게 찾아뵙게 되었습니다."

김○준 씨는 앉아서, 돈 가방 찾아 준 이야기서부터 자초지종을 전하며 정말 고맙다고 전한다.

그 소리를 듣자마자 어머니가 이 대표를 딱 보시더니 꾸중을 쏟아 내신다.

"너는 무슨 애가… 돈을 찾아 줬으면 됐지, 바쁘신 분 서울서 여기까지 내려오시게 만드냐? 어쨌든 먼 길 오셨으니까 식사나 하고 얼른 올라가세요."

어머니가 급하게 먹을 것을 준비하려는 것을 김○준 씨가 극구 사양하며 손사래를 친다.

"저희는 청양 읍내 가서 자고 다음 날 칠갑산 갑니다." 하며 황급히 나간다. 김○준 씨 가족을 보낸 후 이 대표는 어머니로부터 당혹스러울 정도로 혼이 났다. "야, 이놈아 돈을 찾아 줬으면 그걸로 끝날 것이지, 바쁜 서울분들을 여기까지 오시게 하고… 이거 선물을 내가 왜 받냐? 이런 비싼 과일 사 오고, 이걸 어떻게 한다냐."

아버지로부터 귀에 못이 박히도록 정직하라는 말을 듣고 지냈으니, 남의 것에 절대로 손을 대지 않는 것에 흔들림이 있을 수 없었다.

"돈이든, 황금이든, 진짜 저는 남의 것에 손을 대지 않아요. 목에 칼이 들어와도 남의 것에 손대지 않습니다. 지금까지도 그래왔고, 앞으로도 그럴 겁니다."

정직의 삯(?)

정직의 대가는 전혀 엉뚱한 곳에서 나타난다. 돈 가방 사건 이후, 어머니는 당연히 해야 할 일을 한 아들에게 내내 당신의 불편한 심기를 감추지 않으셨다. 그러면서도 속으로는 당신 아들의 착한 행실에 대해 대견스러우셨던 건 분명해 보인다.

상황의 전말은 옆집에 사는, 이 대표가 다니는 교회 집사에게 옮겨갔다. 결국 그 사건에 대한 스토리는 입에서 입으로 전달, 또 전달되어 결국은 담임 목사에게 당도했다.

담임 목사는 이 대표 배우자의 부친(목회자/장인어른)과 평소에 친분이 있었기에 발 없는 말은 이리저리 돌다가 예비 장인어른의 귀에까지 들어가게 된다. 현재의 배우자를 만나기 시작한 지 약 10개월쯤 지난 시점이었다.

10개월 전 예비 장인어른께서 1년 기도해 보고 두 사람의 결혼 여부를 결정하겠다고 하셨는데, 역산해 보니 거의 그 지점에 이른 것 같았다. 정확하게는 10개월이 조금 지난 듯하다. 그러니까 2월에 그런 말씀을 하셨는데, 12월에 이런 사건이 발생한 것이다. 아마도 예비 장인어른은 당신의

     아홉 개의 성공 언어

기도가 응답받는 순간이었다고 믿지 않았을까 싶다.

어느 날 예비 배우자로부터 전화가 왔다.
"무슨 일이지?"
"아버지가 잠깐 보자고 하시는데."
"무슨 일로?"
"같이 저녁 먹자고 그러시네."
식사를 마치시더니, "자네, 지난번에 돈 주워서 주인을 찾아 준 적 있었다면서?"
(깜짝 놀람) "뭐 그런 일이 있었습니다."
"그 돈이 6천만 원이었다면서? 공부 끝나면 은경이랑 결혼해도 되겠어."

　진행된 상황을 어머니께 말씀드렸더니, 좋아서 난리가 났다. 어머니께서는 교회에서 눈여겨보아 왔던 아가씨를 며느리로 맞이하게 됐다는 소식에 기쁨을 감추지 못하셨다. 뜻하지 않게 크게 효도하게 된 셈이다.
이 모든 것들이 정직의 삶으로 받은 선물이라면 지나친 믿음일까? 좀 지나치면 어떠랴 싶다.
몇 년 후 이 대표는 현재의 배우자와 결혼하기에 이른다.

04

정직의 둑이 무너질 때

거짓말은 눈사태와 같다.

작게 시작해도 점점 커져 모든 것을 덮는다.

- 체코 속담 -

　이계우 대표의 정직 철학은 기업 경영에도 그대로 나타나, 다른 아홉 가지 가치(자유, 도전, 창발, 관계, 청결, 목표, 고객 감동, 브랜드)들과 함께 절대적인 축으로 자리 잡고 있다. 마치 군대 지휘관이 "나를 따르라"를 외치며 앞장서서 돌진하듯이, "내가 정직하니 너희도 정직하라"라고 늘 강조한다.

'정직(正直)'

너무 자주 들어서 식상한가? 사회와 조직이 건실하게 존립하는데 이것만큼 중요한 것이 있을까. 아무리 정직한들 인간이 하나님의 아들(예수님)처럼 완벽한 정직을 추구하며 살 수는 없다. 그러니까 인간이다. 그렇지만 조직을 책임지는 리더로서 최소한의 도덕관이 무너진다면, 직원들이 과연 그 리더를 진심으로 신뢰하고 따를까. 결정적인 순간에 그들은 리더 곁을 한마디 말도 없이 떠난다. 경영 리더가 얽히지 말아야 할 몇 가지가 있다.

'돈, 여자, 그리고 불법적인 경영 관행' 이런 유의 것들이다. 기업을 하는 사람들을 보면 대체로 이들 세 가지에 다 걸려 넘어가지 않나 싶다.

　기업 하다 보면 때로는 적당히 불법도 해야 생존할 수 있다는 잘못된 믿음이 족쇄가 될 수 있음을 명심 또 명심할 일이다. 임직원들이야, 앞에서는 "예, 알겠습니다. 걸리지 않도록 조심하겠습니다." 그렇게 할 것이다. 하지만 그게 과연 회사에 얼마나, 언제까지 유익할까? 그러면서 직원들이 회사에 애정이 있을 것이라고 생각하는가? "요즘 것들"이라는 말로 세대를 폄훼하면서 진정한 리더라는 소리를 듣기를 바라는가?
리더가 돈과 여자 문제에 엮이고, 회사가 불법적 관행을 대수롭지 않게 여기는 조직에 직원들이 미련을 두기나 할까. 회사의 경영자들이여 배신의 계절을 경계할지니!

　절대적으로 이 '정직의 키워드'가 흔들려서는 끝장나는 거다. 기업이 성장은 고사하고 결단코 길게 갈 수가 없다. 소규모 회사야 뭐 적당한 시기에 그냥 접어도 그만이겠지만, 이미 규모가 크거나 그리고 커 가는 회사일수록 정직의 기반이 무너지면 소멸하는 것은 시간문제일 뿐이다. 그러므로 기본적으로 경영자는 불법적이거나 부도덕한 일에 연루되는 일에 관여하는 것을 철저하게 경계해야 한다.
이계우 대표의 전언이 우리 앞에 의미심장하게 다가온다.
"부끄러워야 할 장면을 맞이할 때가 있는데, 경영자들 사이에서 농담 삼아 오가는 얘기의 내용을 듣다 보면 조직의 최고 책임자가 그렇고 그런 사람인 것을 직원들이 알까 싶을 때가 있습니다. 그리고 안다면 그들이 그런 회사에 과연 애착이 있을까 싶어요? 언젠간 떠나야 한다는 마음을 갖고 있지 않을까요? 더 심하게는 그걸 약점 삼아 쥐고 흔들지 않을까 염려스러울 때가 있습니다."

종교인들의 신앙고백처럼 오늘날 우리는 '정직 선언'이 필요해 보이는 시대 앞에 서 있다.

고백의 시간을 통해 인재를 지킨다

아쿠아픽 직원들이 이계우 대표를 믿듯이, 그 역시 그들을 철석같이 믿는다. 일을 맡길 때도 "자네가 알아서 해"라는 식이다. 그러면서도 정직함에 대해서는 한 치의 양보가 없다.

연례행사처럼 치르는 의식이 있다. 반드시 1년에 한 번씩은 마음에 찜찜한 부분을 솔직하게 털어내는 시간을 갖는다.

"매년 12월이 되면 올해 미처 하지 못한 말, 하고 싶은 말이 있으면 하도록 합니다."

지나고 보니까 결산 보고가 잘못됐다든지, 금액이 잘못됐다든지, 수량이 잘못됐다든지, 업무에 관련해서 본의 아니게 빠트린 부분이 있다든가, 또는 그때 당시에는 허둥대면서 대충 해서 올렸는데 에러가 난 게 있다든지 등등.

당연히 그럴 수 있을 것이다.

이런 의식을 치르는 이유는, 일종의 '고백의 시간'을 줌으로써 마음의 짐을 덜어 주자는 거다. 종교의식에서 고해성사 같은 거라고나 할까. 혼자 감추고 있으면 마음에 짐으로 남을 수 있으니, 그런 과정을 거침으로써

　　　　　　　　　아홉 개의 성공 언어

100% 상호 이해하고, 넘어가고자 하는 일종의 통과의례 같은 것이다. 그러나 대충해서 넘어가는 형식적 절차는 결코 아니다.

뭔가 감추어 둔 채 긴장하고 떨고 있다가 찝찝해서 어느 날 사표 내는 상황이 발생한다면 회사로서는 인재를 잃게 되는 셈이다. 그래서 12월만 되면 일주일에서 2주일 정도 시간을 준단다. 지난 1년을 결산하는 거니까, 한 해 동안 잘못 보고됐거나 마음에 부담이 되는 것이 있으면 모두 털고 새로운 기분으로 내년을 맞이하자는 취지다. 철저하게 1 대 1 면담으로 진행하는 것을 원칙으로 하고 있다.

잘못되었음이 분명함에도 의도적인 거짓말로 야기된 것이거나, 허위임을 알면서 고의성이 있었다는 것이 드러나면 한 번만 발견돼도 그냥 퇴사시킨다는 말로 엄중하게 얘기해 준다.

정말 모르면 몰랐다고 해야지 축소나 과장되게 해서도 안 된다는 것이 회사의 방침이다. 그리고 왜 그런지에 대해 그 이유를 다 전달한다. 이런 게 진정으로 건강한 조직의 모습이 아닐까 싶다.

예를 들어, 어떤 직원이 상반기 결산 보고가 좀 잘못돼서 수정해서 보고하는 경우 이 대표는 결코 그에게 질책하거나 따지지 않는다. 그 대신에 수정하고 결산 보고 잘 할 수 있도록 정리하라고 할 뿐이다. 그리고 추가로 할 얘기가 있다면 할 수 있도록 소통의 기회를 주는 식으로 진행한다.

"그래야 인재를 지켜요."

그리고 당연히 비밀은 철저하게 지켜 준다.

팀원들에게 잘못이 있는 경우, 대표는 팀장에게 전후 상황에 대해 보고를 요청한다. 그리고 나아가 팀장은 그 직원을 100% 용서하는 마음을 갖도록 한다. 철저하게 비밀을 유지하되, 다시는 잘못을 반복하지 않도록 교정·선도할 뿐 아니라 격려하고, 어깨를 다독거리도록 하는 것이다.

허위·거짓·불법 등이 확인되는데도 그걸 그냥 눈감고 넘어가서는 결과적으로 모두에게 불행한 일이 될 수 있는 상황을 미연에 방지하기 위한 것이다. 안타깝지만 그런 직원과는 더 이상 인연이 없는 걸로 생각한다. 깨진 유리창 법칙이 여기에서도 적용되는 것이다.

상자 속에 썩은 과일 하나가 있는데 그냥 놔두고 3일 정도 지나면 옆에 있는 것들도 다 곰팡이가 피어 있다. 빨리 솎아 줘야 다른 과일들이 온전해지는 원리다.

깨진 유리창 법칙(Broken Windows Theory)이란, 깨진 유리창 하나를 수리하지 않고 그대로 두면, '이곳은 신경 쓰지 않아도 되는 곳'이라는 인식이 퍼지고, 더 많은 창문이 깨지거나 낙서, 범죄 등이 일어나기 쉽다는 것이 이론의 핵심이다. 사소한 무질서와 방치가 조직이나 사회 전체의 분위기를 악화시키고, 결국 더 큰 문제나 범죄로 이어진다는 것이다.

궁극의 승리는 정도(正道)다!

비즈니스는 신뢰, 제품(품질, 디자인, 서비스, 브랜드)과 가격 등 회사 전체를 보고 이루어지는 종합예술이다.

상대방이 판단하여 도움이 될 것이라고 기대하면 거래가 성사되고, 상호

아홉 개의 성공 언어

승승(Win-Win)의 결과를 경험하게 된다. 반면에 실제로는 도움이 안 될 것 같은데 판매자가 과장해서 설명한 것을 믿고 거래가 이루어진다면 궁극적으로는 상호 승패(Win-Lose)의 결과를 맞이하게 되는 것이다. 어느 쪽이 바람직한 거래인가는 명백해진다.

이계우 대표는 직원들한테 다음과 같이 할 것을 요구한다.
"당당하게 제안하라. 서로 이해관계가 일치하여 합의에 이르는 과정을 통해 사업이 이루어지는 것인데, 잘 봐달라고 읍소한다고 결코 좋은 결과를 얻게 되는 것이 아니다."
인허가 문제에 관한 부분만 해도 그렇다.
좀 정당화하고 미화해서 편법이지, 실제는 불법인 경우가 상당히 많은 것이 현실이다.
"그렇지만 우리는 정도로 가는 거다. 이게 우리 회사의 칼라이자 아이덴티티(정체성)가 되어야 한다."

좀 느리게 가는 것 같지만 궁극적으로는 빠르게 가는 길은 정도(正道)를 가는 것이다. '급할수록 천천히 가라'라는 말과 같은 맥락이다.
아쿠아픽이 바로 그런 회사다. 빨리 가다가 무너져서, 다시 일으켜 세우는 것은 더 힘든 일이다. 사실 따지고 보면 올바른 방향을 정하는 게 더 어려운 거다. 방향만 정해진다면 결과적으로 더 빨리 가는 건데 오로지 속도에만 관심이 가 있으니, 영속성은 누가 보장하는가? 사람이든 조직의 경우든 '위치'보다는 '방향'이 우선이어야 한다.
이계우 대표가 경험을 통해 터득한 원칙 몇 가지 중 하나가 있다면 그것은 바로 '정도경영(正道經營)'이란다. 멋있게 보이기 위해 하는 말은 분명 아닐 것으로 확신한다.

그 길이 정답이 아닐 수도 있겠지만, 그에게 있어 이것(정도경영)은 우직하게 지켜 내야 하는 '하지 않으면 안 되는 것(should)', 당위적 명제 같은 것이다. 정직의 연장선상에서 찾아낸 의미라고 할 수 있겠다.

"뭐든지 합법적으로 해야 하고, 뭐든지 공정하고 투명하게 해야 한다는 겁니다. 뭔가가 불법적인 거라든지 소비자를 기만한다든지 뭐 잘못된 걸 덮으려고 한다든지 거짓말을 한다든지, 그래서는 결코 안 된다는 거예요."

세금뿐만 아니라, 거래 관계에서도 역시 모든 것을 상식적인 선에서 생각하고 판단하고자 애쓰는 이 대표의 노력에서 정도경영의 참모습을 본다.

"어떻게 보면 당연히 해야 하는 일을 하는 것, 그게 원칙입니다. 직원들과의 관계도 상식적으로 대하지 않기 때문에 노동부에 불려 가는 거 아닐까요. 부당 해고를 하거나, 잘못 대우했거나, 급여를 제대로 잘 안 주고…, 뭐 이런 비상식적인 것들이 따지고 보면 정직하지 못한 경영자의 처사가 아니겠습니까?. 굳이 공부를 안 해도 그냥 상식적인 선에서 생각하면, 웬만한 것은 다 된다고 확신합니다."

정도경영을 통해서 성장하는 아쿠아픽의 현실 속에서 미래를 엿볼 수 있는 대목이다.

 아홉 개의 성공 언어

도전

거대한 실험실

20년 후에 당신은 했던 일보다 하지 않았던 일로 인해

더 실망할 것이다. 그러니 도전하라.

- 마크 트웨인 -

세상은 그 자체로 크고 개방된 하나의 실험실이라고 생각할 때가 있다. 시간과 자연은 누구든 쉽게 이용할 수 있는 세상이 품고 있는 자원들이다. 이 자원들은 모든 이들에게 비교적 공평하게 주어지는 것들이지만 그것을 누리는 방법은 제가끔이다. 충청남도 청양군 청양읍 장승리 1구 73은 이계우 대표의 옛집이다. 필자들이 직접 가서 보니 앞은 논이고, 뒤는 야산으로 보호받는 양지바른 곳이다. 9살 때 부친께서 지은 집인데, 예나 지금이나 그 동네에선 가장 화려하다. 이 대표의 실험은 이곳에서부터 시작되었다. 그곳에서 여러 모양으로 습득한 도전 경험들이 쌓여 오늘날 기업 경영의 DNA로 발전한 것으로 보인다.

도전이란, 새로운 목표나 과제를 향해 나아가는 과정에서 마주하는 어려움이나 장애물을 극복하려는 의지를 뜻한다. 도전은 단순히 힘든 일에 스스로 맞서는 것이기도 하지만, 그 과정에서 배우고 성장하며 자신을 시험하는 기회를 제공하는 차원에서 큰 의미가 있다. 그리고 도전은 개인

이 자신의 한계를 뛰어넘고, 목표를 이루기 위해 끊임없이 노력하는 과정이기도 하다.

고향집 주변의 산과 물은 자연스럽게 이계우 대표에게 거대한 실험장이 되어 주었다. 실험이란 성공과 실패의 경계에 놓인 도전의 또 다른 이름이다. 그렇게 보면 오늘날의 그는 고향에서 보낸 시간과 자연에 빚진 자다. 청양의 자연은 때로 그의 오만함에는 위협적이기도 했지만, 마음껏 뒹굴고, 뛰놀 수 있도록 넓은 품을 내어주기도 했다. 어린 시절 겪은 그의 모험담은 듣는 것만으로도 마음이 쫄깃하고, 흥미진진하다.

에피소드 1

여름철은 산이나 들보다는 물에서 노는 게 제격이다. 그의 동네에서 멀지 않은 곳에 있었던 방죽은 여름철 놀이터로 아주 좋은 공간이었다. 만나고 싶은 친구들은 대부분 거기 가면 있었으니까. "누가 방죽 저수지에 빠져 죽었다더라."라는 말을 심심찮게 들었고, 어른들이 조심하라고 잔소리해도 아이들은 방죽에서 노는 것을 포기할 수 없었다. 그곳보다 더 재미있게 놀 수 있는 장소가 없었으니까. 촌에서 자란 아이들은 비록 개헤엄이긴 했지만 수영은 비교적 잘하는 편이다.

여름이 되면 이계우 대표가 동네 친구들과 멱감고, 잠수하고, 때로는 죽을 고비를 겪었던 저수지(방죽)의 모습. 이곳은 그가 누구로부터도 제약받지 않은 공간 중 하나였다.

초등학교 5~6학년 때 여름방학 무렵, 그날도 여느 날처럼 동네 손위·아래 친구들과 방죽에서 물장구를 치며, 웃고 떠들고 장난치며, 낚시도 하면서 즐기고 있었다. 방죽에는 중학교 형들도 있었고, 5~6학년인 친구들도 있었다. 같이 놀던 동네 형이 제안한다.

"애들아! 저 가운데로 가서 밑에 있는 진흙을 집고 나오기 한번 하자."

저수지 한가운데로 잠수해서 바닥까지 자맥질하여 내려가서는 밑에 있는 진흙을 한 움큼 잡고 나오는 게임이었다.

그 말이 떨어지기 무섭게 이계우 대표가 나선다. 방죽을 박차고 첨벙 소리를 내며 뛰어들었다. 그런데 아무리 발버둥 쳐도 잠수가 되지 않는다. 들숨으로 불어난 배가 몸을 계속 수면 위로 끌어올렸기 때문이었다. 날

     아홉 개의 성공 언어

숨으로 뱃속의 공기를 충분히 뺐다. 몸이 물속으로 빨리듯 쑥 들어갔다. 그런데 조금씩 햇볕으로 데워지지 않은 물의 경계를 지나면서 갑자기 차가워지기 시작한다. 전신을 조이듯 묵직한 수압을 느끼는 순간, 바닥의 진흙이 손에 잡혔다. 차가워진 물, 높아진 수압, 암흑 같은 것들이 한꺼번에 체감되면서 순간 공포가 엄습했다.

"올라가야지!"

두 손으로 물의 저항을 헤치며 올라와도 어려운데, 한 손에 진흙을 움켜쥐었으니 발버둥 쳤지만 더디기만 하다. 수면 위 풍경이 아득하게 느껴졌다. 허파에 든 산소가 거의 남아 있지 않았고, 힘이 빠졌다. 하는 수 없이 자랑스레 보여 주려고 했던 전리품인 진흙을 놓았다. 있는 힘을 다해 양팔 양다리를 저었다. 수면 위로 오르는 순간 들숨 한 모금으로 허파에 바람을 넣었다. 살았다!

절체절명(絶體絶命)의 위기 순간에 소중한 것(진흙)을 놓음으로 생명을 건진 셈이다. 인생이란 때로는 더 소중한 것을 위해 덜 중요한 것을 놓아야 할 순간들이 있음을 알아야 한다. 늦은 깨달음이 늘 문제다.

　겨우 물 밖으로 나와 탈진한 상태로 드러누웠다. 물속에서 어떤 일이 벌어졌는지 알 길 없는 애들이 철없이 묻는다.

"진흙 잡았어?"

방죽 위에 대(大)자로 퍼져 하늘을 보니 그날따라 하늘이 더 파랬다. "하늘이 저렇게 파란 것이었나. 아, 편하다!"

　도대체 무엇이 그를 용감무쌍하고, 두려움이 없는 사람으로 자라게 했을까? 그가 회고하기를, 어린 시절 남다른 도전의 경험과 색다른 체험들이 오늘날의 자신을 만든 원동력이 된 것 같다고 고백한다.

에피소드 2

어느 해 겨울철에 있었던 일이다. 방죽 사건이 물과의 싸움이라면, 이번에는 산과의 싸움에 관한 스토리가 되겠다.

동네에서 보면 멀리 칠갑산 봉우리가 보이고, 그 너머에 까맣게 보이는 또 다른 산이 있다. 동네 친구들에게 한번 저기 보이는 산에 올라가자고 했으나, 친구들이 기겁한다. 거긴 호랑이가 살고, 귀신이 있는 곳이라며 모두 발을 뺀다.

"너 가 봤냐?"

"안 가 봤는데"

"그런데 호랑이가 있는지 귀신이 있는지 어떻게 알아?"

모두 꿀 먹은 벙어리다. 직접 눈으로 확인하고 싶어졌다. 이 대표의 머리에 스치듯 유명한 등반가가 세계의 최고봉을 오르고 만세를 부르는 모습이 떠올랐다.

70~80년대에는 고상돈 씨 등 한국인들이 에베레스트와 같이 세계적으로 유명한 산을 오를 때마다 TV나 신문에 대서특필되곤 했다. 정상에 태극기를 꽂고, 등정에 성공한 산악인이 활짝 웃고 있는 장면을 본 적이 있어, 그걸 흉내 내고 싶었다. 대나무에 조그맣게 직접 만든 태극기를 매달고 길을 떠났다.

아홉 개의 성공 언어

그런데 그 길이 그렇게 험난한 길이 될 줄이야! 우여곡절(迂餘曲折) 끝에 산꼭대기에 올랐다. 준비해 간 깃발도 꽂았다. 문제는 그때부터였다. 겨울철이라 낮 길이가 짧아, 해가 산기슭에 걸려 간당간당 넘어갈 태세가 아닌가. 땅거미가 내려앉은 골짜기는 순식간에 적막강산이 된다. 산에 오르느라 미처 내려오는 시간까지는 헤아리지 못했다. 정상에 올라 깃발 꽂는 목표만 세웠지, 하산 시간을 생각하지 못한 것이다.

봉우리에서 미처 내려오기도 전에, 산기슭에 아슬아슬하게 걸려 있던 해를 어둠이 순식간에 삼켰다. 평소에 산을 누비고 다녔던 터라 산에 대한 무서움이 전혀 없었는데, 그건 집 뒷산이었을 때 얘기다. 이번 상대는 높이의 차원이 다른 녀석이다. 어두워진 산길은 마치 시각장애인이 낯선 길을 더듬어 걷는 것과 똑같다. 눈앞에 갖다 댄 손가락이 안 보였다. 그냥 진한 먹물 속, 그 자체다. 어둠에 둘러싸인 산이 그렇게 까만 것도, 그 길이 그렇게 무섭다는 것도 처음 알았다.

그 어둠은 흡사 저수지 바닥에서 순간적으로 체험했던 어두움이었다. 그때 물 밑에서 겪었던 그 상황과 묘하게 데자뷔 되면서 공포가 엄습했다. 물속의 차갑고 어두운 공포보다 산속 어둠의 공포가 더 크게 옥죄어 왔다. 방향을 알 수 없는 깊은 어둠! 두려움에 온몸이 녹아내리는 듯 부르르 떨렸다.

벌레인지 나뭇가지인지도 모를 물체들이 얼굴을 할퀴고 때리며 스쳤다. 부엉이 울음소리, 이름 모를 새 소리, 벌레 소리가 고요한 공기를 뚫으며 더욱 크게 늘린다. 돌부리에 걸려 넘어지고, 더듬거리며 밤새 산을 탔다. 길을 잃고 헤매고, 아차 하는 순간 낭떠러지로 굴러 저승사자를 만날 것 같았던 순간도 여러 번이었다.

　얼마나 시간이 흘렀을까, 그렇게 밤새 내려오는데 축복처럼 새벽빛이 어둠을 가르며 다가왔다. 산속에서 외딴집을 만났다. 정신없이 문을 두드렸다. 외진 산골, 낯선 꼬맹이가 새벽에 나타났으니 주인이 무척 놀란 모양이다.

동네 이름을 말했다. 반대 마을로 내려왔단다. 어둠 속에서 방향을 모르고 무작정 밑으로 밑으로만 내려온 결과다. 무모한 도전으로 두 번째 죽음의 문턱을 넘은 사건은 그렇게 진한 추억으로 뇌리에 박혔다. 산이 무섭다는 걸 그때 처음 알았다. 나중에 생각해 보니, 그날은 그믐날 밤이라 더 어두웠던 것이다. 한 가지 확실한 것은 거기에는 호랑이도 귀신도 없었다는 것!

에피소드 3

　시골에서는 더운 여름날이면 동네 친구들이 모여서 천렵(川獵)[6]을 한다. 냇가나 강가에 그물을 치고 고기 잡고 헤엄도 치고, 또 잡은 고기는 솥을 걸어 놓고 매운탕을 끓여 먹으며 하루를 즐기곤 했다. 그날 역시 이 계우 대표는 동네 형들이랑 함께 물고기를 잡아먹기로 작당(?)한다. 그런데 끓일 냄비며 그릇이 필요했다.

마침 동네에 상엿집이 있었다. 상엿집이란, 상여에 필요한 각종 도구를

____

6)　냇물에서 고기잡이 하는 일

　　　　　　　　　　　　　　　　아홉 개의 성공 언어

마을에서 공동으로 쓰기 위해 보관해 두는 곳이다. 사람 출입이 적은 동네 어귀, 산 밑에 자리를 잡고 있다. 어느 집에서든 상을 당하면 꺼내다 쓰고 다시 보관하곤 하였다. 거기에는 잔치 때 쓰는 큰 그릇들, 냉면 그릇 같은 것, 솥단지 같은 것들도 넣어 둔 곳이기도 하다.

평소에 상엿집은 잠겨 있다. 동네 아이들에게 천렵에 쓸 그릇들을 사용하라고 문을 열어 줄 어른이 있을 리 없다. 몰래 창문 넘어 들어갔다가, 사용한 후 깨끗이 씻고 다시 창문 넘어 갖다 놓는 것이 가장 좋은 해결책이리라.

외진 곳이라 무섭기도 했지만, 창문을 넘는 것 또한 쉽지 않은 일이라 선뜻 나서는 애가 없었다. 동네 형이 거듭 다그치자 이번에도 이계우 대표가 나선다. 상엿집 벽면에 2m 정도 높이에 조그만 창문이 달려 있다. 친구들이 엉덩이를 받쳐 주고 밀어줘서 창문을 열고. 상엿집 안으로 들어갔다. 환한 대낮에 익숙했던 동공은 사방이 막힌 공간의 어둠에 쉽게 적응하지 못했다. 보이는 게 없어 잠시 주춤거렸다. 순간 하얀 물체가 이 대표에게 와락 달려들며 '탁' 하고 머리를 때렸다. '악' 하고 자지러지는 비명에 밖에 있는 애들이 모두 줄행랑을 쳤다. 상엿집 안에 들어간 친구가 기절할 정도로 놀라 자빠지는 소리를 듣고는 밖에 있던 애들도 무서웠었나 보다.

동공이 차차 어둠에 익숙해지고, 열린 창문으로 들어온 빛이 주위를 밝혀 주어 희미하게나마 주변이 보이기 시작했다. 안쪽 벽에 나무 막대기, 깃발, 땅 고르는 쇠스랑, 괭이 같은 것들을 세워 둔 것이 눈에 띈다. 벽 쪽을 지나다가 아랫부분을 밟으니, 괭이자루가 일어서면서 머리를 때린 것이다.

이제, 그릇을 가지고 창문까지 올라가야 할 차례다. 어떻게 올라가나? 대책 없이 들어오긴 했지만 나갈 일이 난감하다. 들어올 때는 같이 갔던 애들이 밑에서 밀어줬는데 나올 때는 혼자서 어떻게 할 수가 없었다. 안에 있는 물건들을 닥치는 대로 이것저것 쌓아 놓고 올라서니 창문까지 손이 닿는다. 필요한 그릇들을 집어 창문 밖으로 던졌다. 그날은 밤새 물고기 잡고, 탕을 끓여서 나누어 먹었다.

그야말로 겁이 없었던 시절이었다. 상엿집이든, 산꼭대기든, 물속이든 거침없이 휘젓고 다녔다. 밑바탕에 그런 기질도 있었지만, 자꾸 뭔가 위험을 무릅쓰고 해 볼수록 용감해진다는 것을 몸소 체험했던 시절이었다. 그 과정에서 희열과 성취를 맛본 것은 인생의 커다란 수확이 아니었을까 싶다. 위험하거나 무섭다고 피하지 말고, 온몸으로 부딪히면서 두려움에 맞서다 보면 서서히 용감함이 몸에 익숙해진다는 것이 이 대표의 지론이다. 때로 '단순 무식'도 필요한 자질이리라.

아홉 개의 성공 언어

02

세계는 넓고 할 일은 많다

당신의 꿈이 당신을 두렵게 하지 않는다면,

그 꿈은 너무 작은 것이다.

- 리처드 브랜슨 -

한 사람의 인생이 누구를 만나느냐에 따라 결정되듯이, 한 권의 책이 한 사람의 인생을 결정짓기도 한다.

마이크로소프트 창업자 빌게이츠는 한스 롤링스의 저서 『Factfulness』를, 애플 창업자 스티브 잡스는 요가난다의 저서 『Autobiography of a Yogi』을 통하여 경영에 영감을 얻었다고 전해진다. 이런 경우는 수도 없이 많다.

20대 초반 이계우 대표에게 계획된 우연(Planned Happenstance)[7]처럼 다가온 한 권의 책이 있었다. 지금은 고인이 된 대우그룹 김우중 회장이 쓴 『세계는 넓고 할 일은 많다(1989, 김영사)』를 만났다. 대우그룹 전성기에 출간되어 당시 젊은이들의 가슴을 뜨겁게 달군 책이다. 이계우 대표 역시 그 책에 매료되어 꿈을 꾼 청년 중 한 사람이었다.

20대 초반에 썼던 이계우 대표 일기장에는 반드시 사업을, 그것도 무역업에 뜻을 담은 글을 적어 놓았다고 한다. 결국 뜻을 이룬 셈이다.

---

7) 삶에서 만나게 되는 우연적 사건들이 긍정적인 효과를 가져와서 그 사람의 진로에 연결된다는 뜻이다.

당시 세계경영의 기치를 내걸고 세상을 누비면서 코리아의 명성을 떨친한 기업인의 활약상이 20대의 젊은이 가슴에 얼마나 강한 울림으로 다가왔을지 짐작이 간다. 이 대표는 아직도 그 책을 간직하고 있단다.

책의 내용 중 기억나는 대목이 있으면 알려 달라고 주문했는데, 35년이지났음에도 마치 어제 일인 양 줄줄이 사탕처럼 이어져 나온다. 그만큼강렬한 자극제로 작용했는가 보다.

세계로 나가라. 틈만 나면 세계 여행을 다녀라. 나가서 직접 보고 느껴라. 실패를 두려워하지 마라. 세계로 나가서 똥을 싸 봐라 등등의 얘기들로 채워져 있다고 한다. 특히, 똥을 싸 보라는 얘기는 자극적이긴 하지만, 해외를 잠깐 들렀다가 그냥 오라는 게 아니라, 거기서 먹고 자고 긴 기간을 진득하게 지내 보라는 뜻일 것이다. 어느 정도는 살아 보고 먹어 보고느껴 보고 들어 보고 냄새 맡아 보고 만져 보고 경험해 봐야 그곳의 문화와 사람들의 특성을 이해할 수 있다는 은유적 표현이다.

김우중 회장의 저서는 그를 해외로 등 떠미는 데 결정적 역할을 했다.

이계우 대표는 대학 입학과 동시에 유학을 꿈꿨다. 유학하려면 많은 돈이 필요한데, 당연히 돈이 있을 턱이 없다. 꿈이 큰 사람에게 작은 골(계곡)은 장애가 되지 않는 법! 유학에 대한 열망이 너무 컸기에, 관심을 가지고 주변을 기웃거리다 보니 교환학생 프로그램이 있음을 알게 되었다. 지도 교수와 상담했다. 전교 1등 하면 유학 보내 준다는 말에 이끌려 그것만이 유일한 길임을 알고 공부에 몰입했다. 결과는 과에서 1등, 전교 6등을 했다. 탈락할 순번이었다.

하늘로부터 도움의 손길이 미쳤을까, 5등까지는 전부 의대생들이다. 그들은 애당초 유학할 의사가 없는 친구들이었다. 덕분에 그가 교환학생 프로그램의 수혜자가 되었다. 그것으로 꿈에 그리던 미국 유학 티켓을 얻게 된 것이다.

평범한 사람들에게는 불가능해 보이는 상황일 수 있지만 바늘 끝 같은 가능성을 보며 도전하는 것이 기업인들의 특성이듯, 이계우 대표 역시 일찍부터 그런 성향을 닮아 가고 있었다.
무역하려면 영어를 잘해야 하겠다고 주문(呪文)처럼 외고 다녔는데 그 꿈을 향해 첫발자국을 뗀 것이다.

들이大 저질러 학과 뒷수습 전공

퍼스널 브랜딩은 '당신 자신'에 관한 것이 아니라,

당신이 타인에게 제공하는 가치에 당신만의 각인을 남기는 것이다.

- 윌리엄 아루다 -

필자들이 볼 때 이계우 대표는 매우 명확한 퍼스널 브랜드 아이덴티티 (Personal Brand Identity, 자기브랜드 정체성)를 소유하고 있는 인물이다. 그는 스스로 일컫기를 '들이대(大) 저질러 학과 뒷수습 전공'이란 표현을 쓰기를 좋아한다.

특이함을 넘어 독특하다 싶은데, 예의 그 아이덴티티는 중요한 결정의 순 간마다 수시로 빛을 발한다. 그런 기질은 아마도 어린 시절 무서운 줄 모 르고 덤비고, 깨지며 자신도 모르게 습득된 영향인 것으로 짐작한다.

들이대(大)

치과 의료기기 부문에서 1등 브랜드는 독일의 KaVo이고, 오랄케어 부 문 1등 브랜드는 미국의 콜게이트로 알려져 있다.

어느 땐가 콜게이트 브랜드 국내 독점 공급자 선정을 위한 제안 발표회가

아홉 개의 성공 언어

있었다.

"무역이라면 자신이 있으니까, 그래 한번 붙어 보고 싶었지요. 콜게이트 본사에다가 아쿠아픽도 제안서를 넣었는데, 경쟁사가 ○○산업(주), ㈜ ○○생활건강 등 쟁쟁한 회사들이 모였지 뭡니까. 그 당시 우리 회사는 사무실 한 칸을 겨우 사용하고 있을 때인데, 6~7시간 미팅 끝에 제가 프리젠테이션을 했어요. 신라호텔에서 각각 2시간씩 PPT로 발표했습니다. 제가 그랬잖아요. 들이 대학교 저질러 학과에 뒷수습 전공이라고."

결과는 어땠을까? 콜게이트가 두 회사를 다 제치고 아쿠아픽 손을 들어 주었다. 그의 전략에 콜게이트가 움직인 것이다. 요지는 이렇다.

"당신네 제품을 한국 시장에 팔려면 성분을 바꿔야 합니다. 지금 콜게이트 치약 성분은 의약품 카테고리에 속합니다. 그러면 약국에만 팔 수 있어요. 우리나라 약국에서 판다고 한들 과연 몇 개나 팔리겠습니까?"
사전에 치열한 연구를 통한 핵심 찌르기 전략이 통쾌하게 성공한 것이다. 경쟁업체들은 대기업들이어서 그런지 회사 이미지를 내세우거나 이러저러한 방법으로 유통 판매한다는 정도의 평범한 메시지 전달에 그쳤다. 일종의 자만심이다. 콜게이트 입장으로는, 내용은 다르나 두 회사의 전략은 임팩트가 없는 대동소이한 수준으로 본 것이 아닐까 싶다.

아쿠아픽 팀은 죽기 아니면 까무러치기 심정으로 덤볐으나, 나머지 두 회사는 먹을 게 많고 풍족했으니 절박함이 없었던 것이 분명해 보인다. 그런 상황에서는 치열하게 연구하고, 집요하게 파고들어 들어가 상대의 골수와 심장을 찔러야 하는 법이다. 이게 바로 win or nothing 정신이 아니겠는가. 목마른 사람이 먼저 우물을 파는 형국이지만 약자가 이기게 되는 경쟁우위 전략이라고 할 수 있다.

사실 이런 활동들은 대부분 아쿠아픽 브랜드를 키우는 데 필요한 자금을 마련하기 위한 몸부림이었을 뿐이었다. 이계우 대표에게 번듯한 자사 브랜드를 갖는 일이야말로 경영 최대의 비전이었으니까.

저질러 학과

궁즉통(窮則通). 궁하면 통한다는 말이다. 거기에 간절함이 녹아들면 해결이 가능한 모든 수단을 찾게 되며, 들이대고 저지르는 데 주저함이 없어진다. 앞에서 얘기했던 콜게이트와의 국내 독점계약을 따기 위한 활동도 바로 그런 것이었다.

한번은 이런 일도 있었다. 무역하려면 물건이 있어야 하는 데 제품 구매 자금이 바닥났다. 아쿠아픽 대리점에 빌리고 은행에 빌렸는데 흡족한 수준이 아니었다. 궁리 끝에 무작정 모회사인 미국 유타주 소재 울트라덴트 본사를 찾아가기로 결심한다.

상식적이지 않은 일을 상식처럼 하는 게 그의 특기다. 세상은 이런 상황을 역발상이라는 말로 칭송하기도 하는데, 아무나 할 수 있는 일이 결코 아니다. 예를 들어, 전자제품 대리점주가 본사에 돈을 빌리러 간다는 게 가당키나 한 일일까?

어쨌든, "돈이 없으니 빌리는 것이지, 안 갚겠다는 것도 아니고…"라는 게

　　　　　　　　　아홉 개의 성공 언어

그의 지론이다.

단순 명쾌하다. 때로는 이런 단순함이 돌파력을 갖게 되고, 바위를 뚫는 위력을 갖는다.

본사 사장(Dr. Dan E. Fischer)한테 좀 만나고 싶다고 연락했다. 영문도 모르는 사장이 수락한다. 곧장 미국으로 내달았다. 울트라덴트 사장이 이 대표를 자기 집으로 초대한다. 본인과 아내, 그리고 임원들 서너 명과 식사를 했다. 식사가 끝날 즈음에야 거기까지 찾아온 이유를 묻는다.

"귀사의 물건을 많이 팔아 볼까 하는데 사실 돈이 좀 부족하다. 사실 내가 여기 찾아온 이유는 돈 빌리러 온 거다. 당신 개인 자격으로 나한테 돈을 빌려주든지, 아니면 회사가 빌려주면 내가 미국 최대 금리(그 당시 10%)로 이자를 쳐 주겠다. 당신은 큰 기업 사장이니 돈이 많지 않은가? 100만 달러(당시 환율로 계산하면 14억 원 정도 금액임)가 필요하다."

본사 사장이 "그거 다 필요한 건가?"라고 반문한다.

"그렇다. 그 돈의 절반 정도면 내가 3개월 정도는 물건을 사서 유통할 수는 있는데, 100만 달러를 빌려주면 6개월 정도 충분하게 돌릴 수 있을 것 같다."

사장이 어이없는 표정을 지으면서 껄껄거리며 웃는다. 사실 좀 웃기는 일 아닌가. S전자 대리점주가 본사 L 회장에게, 귀사의 텔레비전을 매입해서 많이 팔려고 하는데 돈 좀 빌려달라는 것과 같은 이치이다.

이런 사연으로 돈을 빌려주는 경우는 난생처음이란다. 수십 년 동안 전 세계를 상대로 물건을 팔아 왔는데, 이런 명분으로 돈 달라고 하는 사람은 당신(이계우 대표)이 유일하다는 거다.

50만 달러 정도라도 괜찮다고 했는데, 그 자리에서 보증도 없이 선뜻 100만 달러를 신용으로 빌려주겠단다. 양쪽 다 대단한 인물들이란 생각이 든다.

이계우 대표의 감사 표시에 울트라덴트 사장이 대인배처럼 너그럽게 대한다.

"천만에, 그 정도는 우리 회사에 1%도 미치지 않는 금액이고, 당신이 3개월 정도 빌리자고 했는데 다 팔고 난 후 여유 있을 때 갚아도 된다."

이 대표의 결심대로 6개월 후 그 금액은 모두 갚았다. 일반적으로 그런 과정을 거치고 나면 이전보다 많이 가까워진다. 실제로 그들은 서로 베스트 프렌드(절친)로 지낸다. Fisher 사장의 나이가 이제 얼추 80세쯤 되었으니, 은퇴할 때가 되었을 것이다.

사업하다 보면 돈이 없을 수도 있다. 그건 결코 잘못된 게 아니다. 실제로는 신용을 지키는 게 어려운 것이다. 이 대표가 그토록 당당할 수 있었던 것은 바로 튼튼한 신뢰와 정직 말고 달리 설명할 것이 있을까 싶다.

　울트라덴트로부터 돈을 빌릴 때 그는 변제 약속의 이행뿐만 아니라, 울트라덴트 물건을 가지고 사업을 하는 3년 동안 그 브랜드를 활성화하는 데 투자하겠다는 다짐을 전했다. 실제로 3년 후, 마케팅 활동을 기록한 파일을 모아서 울트라덴트 매니저를 통해서 모두 전달했다. 자신이 한 말에 대한 약속을 지켰다는 것을 보여 주기 위해서다. 신용이란 비단 금전적 거래 관계에서만 필요한 것은 아닐 것이다, 깊게 들어가면 자신과의 약속을 지키는 것 또한 스스로와의 신용을 쌓는 일이 아닐까.

　　　　　　　　　　　　　　아홉 개의 성공 언어

OEM의 한계를 돌파하기 위한 몸부림

OEM(Original Equipment Manufacturer, 주문자 상표 부착 생산)이란, 남이 만든 물건에 내 브랜드를 붙여 파는 방식의 비즈니스 모델이다. 아쿠아픽 브랜드로 사업한 지 10년을 넘기면서부터 수출 의뢰가 조금씩 이어졌다.

그런데 직접 만든 제품이 아니고, 대만(Taiwan) 물건을 수입하여 자사 브랜드를 붙여 파는 형식이라 그런지 확장성에는 한계가 있을 수밖에 없었다. 당연한 귀결이다. 바이어 입장에서는 원청을 찾지, 바보스럽게 똑같은 제품을 브랜드가 다르다는 이유로 한 나라(혹은 한 업체)를 경유한 제품을 굳이 살 이유가 없는 거다.

바이어가 아쿠아픽 수출 담당자에게 종종 묻는 말 중 하나가 있었다.

"Made in where?(어디서 만들었냐?)"

"Taiwan!"

"Okay!"

(…)

통화가 끝난 다음부터는 연락이 없다. 그래서 해외의 OEM 제품으로 수출의 활로를 개척하는 일은 빈 낚시를 물가에 드리우고 물고기가 낚이기를 기다리는 모양과 같은 것이라고 했던가. 정신이 제대로 박힌 바이어라면 직거래 하기를 원하는 게 당연하지 않겠는가.

고민 끝에 이계우 대표는 결단을 내린다.

답은 오직 하나 길은 오직 한 길, 자사 브랜드를 만들고 키우는 것! 그것뿐이다.

뒷수습 전공

아쿠아픽 수출은 실소를 금치 못하는 과정을 여러 번 거쳤다. 재미있는 스토리들이 많다. 한 마디로, 들이대고·저지르고·뒷수습하는 과정의 반복이었다. 이 대표를 포함한 직원들이 한동안 기계적으로 썼던 말이 'soon(곧)'이었다니, 흥미로운 대목이다.

덴탈 관련 분야에서 가장 큰 전시회는 단연 독일에서 열리는 IDS(International Dental Show, 치과산업박람회)이다. 2년마다 열리는데, 덴탈 산업에서는 올림픽 같은 행사다. 참가 신청을 한 회사에서는 당연히 브랜드(아쿠아픽) 실물을 가지고 가야 하는 게 상식이고, 정상이다. 그런데 어느 해인가 워킹 목업[8]을 만들어 주기로 한 회사가 납품 기일을 지키지 못했다. 어쩌겠는가. 하는 수 없이 작동도 안 되는 껍데기 샘플 하나 가지고 가서 부스에 카탈로그와 함께 전시해 놓았다. 그런데도 16개 독점 계약을 맺는 성과를 얻었다니, 'Made in Korea'의 힘이 세긴 센 모양이다. 국가 브랜드가 한몫을 한 경우이다.

생각하면 참 웃기는 얘기다. 작동도 안 되는 물건을 가지고 가는 것도 그렇고, 기약 없는 물건을 보고 계약하는 당사자도 웃기는 건 마찬가지다.

---

8) Working Mockup이란 실제 제품과 동일한 기능을 구현할 수 있는 프로토타입(Prototype)을 말함. 시제품의 생산 목적은 제품의 디자인 및 설계 검토, 성능 검증, 사용성 확인 등 양산 전 최종 테스트를 위해 사용되고 있다. 목업의 종류는 크게 디자인 목업(Design Mockup)과 워킹목업 두 가지 형태로 분류되며 전자의 경우, 외형 확인에 대한 부분에 집중적이라면 후자의 경우는 제품의 성능 테스트가 목적임.

아홉 개의 성공 언어

직원들이 의아해한다. "진짜 이거 갖고 가시게요. 제품도 없는데요?"

그렇다. 정주영 회장이 조선소 만들기 위해 영국 가서 차관 얻을 때, 실체가 없는 걸로 승부를 내지 않았는가. 굳이 실체라고 강변하자면 옛날에 500원짜리 지폐에 그려진 거북선이 전부가 아니었던가. 그나마 아쿠아픽은 껍데기라도 보여 주고 상담을 했으니 좀 나은 편이다.

그냥 샘플 껍데기, 작동도 안 되는 거 갖고 가서, 전 세계 바이어 수백 명씩 만나고 30분~1시간씩 진지하게 상담했다.

상담 말미에는 예외 없이 두 가지 질문에 직면한다.

"그래서, 언제 출시되나요? 가격은 얼맙니까?"

"네, 가격은 ○○ 정도입니다."

앞의 질문에 추가한다.

"그럼 언제쯤 선적할 수 있습니까?"

목에 힘을 주어 대답한다.

"이거 Made in Korea입니다."

"그래 Made in Korea인 줄 아는데, 그래서 언제?"

"Soon(곧)."

그 Soon이 진짜 Soon이 되기까지는 수년이 걸렸다. 그때 그 기약 없는 Soon에 기대어 인내해 준 바이어들이 지금 아쿠아픽 바이어로 남아 있는 곳이 상당수다. 추억처럼 그 당시 얘기를 할 때면 같이 웃곤 한다.

그렇다. 진짜 말도 안 되는 변명 아닌 변명으로 순간을 모면할 수밖에 없었던 상황이었지만, 엄혹한 비즈니스 현장임에도 굳건하게 아쿠아픽을 믿고 기다려준 바이어들에게 감사, 또 감사할 따름이다.

왜 안 될 거라고 생각해?

일을 진행하는 과정에서 어느 단계가 되면 반드시 함께하는 파트너(직원)들과 의견의 일치를 거쳐야 하는 단계가 있다. 이계우 대표로부터 그런 순간을 극복하는 방법에 대해 얘기를 들어 보는 것도 흥미로울 것 같다.

특별히, "사장님 그 프로젝트 안 될 것 같아요.", 또는 "그거 좀 힘들 것 같은데요."라는 등 상황을 약간 부정적으로 보는 경우가 있기 마련이다. 그런데 어떤 일을 착수하기까지 가장 많은 생각과 고민을 하는 사람은 단연 CEO다. 경영자는 이미 길이 있음을 판단하고, 대부분 마음속으로 결정한 상태에서 직원들에게 물어보는 것인데, 직원들이 난색을 표하면 사실 좀 난처해진다. 대표이사 혼자서 할 수 없으니까, 팀원들을 참여시켜 함께 해야 길을 만들어 갈 수 있기에 설득 과정이 필요한 것이다. '소를 물가까지 끌고 갈 수는 있으나, 억지로 물을 먹일 수는 없다.'라는 말이 있지 않은가. 그러니까 스스로 물을 먹을 수 있도록 하는 게 경영자의 책무이고, 그 수단이 곧 질문이다.

"안 된다고 생각하는 특별한 이유가 뭐지?"

"이러저러한 문제 때문에 어렵다고 생각합니다."

"그렇군. 그렇다면 안 되는 요소를 10가지 나열해 보고, 1번부터 함께 봅시다."

이계우 대표가 또 묻는다.

"이것은 어떻게 하면 될까?"

"그거는 이렇게 저렇게 하면 되지 않겠습니까? 그리고 그 문제는 여차저

　　　　　　　　　　　　　　　아홉 개의 성공 언어

차 하면 될 것 같습니다.”

그렇게 하면서 문제 요소를 하나씩 지워 간다.

“이것만 다 해결되면 되는 거야?”

“그렇습니다. 대표님, 감사합니다.”

무작정 다그치는 방식이 아니라, 코칭 방식을 통하여 문제를 하나씩 지워 가다 보면 상호 신뢰가 더욱 돈독해진다. 이런 식으로 장애물을 하나씩 넘어간다. 안 될 것 같은 99%보다 될 것 같은 1%의 가능성에 생각을 집중하되, 직원들의 참여로 얻은 결과가 더욱 값지다는 것을 알기에 이 대표는 그 방법을 택하는 것이다. 치밀하게 계획하고 조심하는 것도 중요하지만, 대부분 성공한 사람들의 언어 습관은 진취·도전·긍정의 패턴을 따른다. 그런 사고 기반 위에 아쿠아픽 임직원은 오늘도 함께 팀을 이루어, 외부에서 불가능하다고 여기는 것들을 하나씩 돌파해 나가고 있다. 이것이 바로 ‘Aquapick Way(아쿠아픽 만의 독특한 방식)’가 아닐까?

창발

01

아버지의 똥 수레

창의성은 단순히 새로운 것을 발견하는 것이 아니라,

익숙한 것을 새로운 방식으로 보는 것이다.

- 앨버트 아인슈타인 -

충청남도 청양군 청양읍 칠갑산로 6길 6. 청양 시장(市場)의 주소다. 청양 읍내 가운데쯤에 자리 잡고 있다. 그리고 시장 중앙에 아담한 공중화장실이 보인다. 필자들은 하루 시간을 내어 그곳을 찾았다. 그럴 만한 이유가 충분했기 때문이었다.

청양읍은 고요하고, 아담한 마을이다. 주위에 논밭과 낮은 숲으로 둘러싸여 있어, 개방된 느낌을 주는 농촌이다. 상설시장 안으로 들어갔는데, 지방 읍내 시장이라고 하기엔 규모가 제법 크다.

청양 군청이 있는 곳이라 제법 가구 수가 많다. 주변의 작은 마을에서 장을 보려면 이곳을 많이 찾는 것으로 보인다.

청양에 가면 어죽을 먹어 보라는 지인의 말을 따라 점심을 어죽으로 해결했다. 쌀죽에 생선을 으깨어 만드는 음식인 줄 알았는데, 쌀의 자리에 국수가 대신하고 있다. 어쨌든 별미다. 11월의 쌀쌀한 날씨에 움츠렸던 몸이 풀린다.

아버지의 변소

　이계우 대표의 아버지. 어느 날 읍내 면사무소를 찾아가, 오일장이 서는 장터 한복판에 변소를 짓겠노라고 한다. 누구나 급할 때마다 이용할 수 있는 공중변소를 말이다. 도대체 무슨 생각으로…?

60년대 당시만 해도 제대로 된 변소 만들기가 쉽지 않은데 콘크리트 공중변소를 크게 짓겠단다. 그러면서 조건을 내밀었다. 공중변소에 쌓인 인분을 자신이 처리하겠다는 것이다. 이거야 원!

거기 쌓이는 인분을 처리하는 것이야말로 면(面)에서 당연히 떠안아야 하는 귀찮은 과업인데, 그것마저 알아서 처리하겠다니 마다할 이유가 어디 있겠는가?

아버지는 약속대로 공중변소를 지었고, 그곳 인분을 처리하였다. 새벽마다 수레를 끌고 와서 인분을 퍼담고, 싣고 가는 게 중요한 하루의 시작이었다. 지금은 분뇨수거차에 호스를 사용하지만, 그 당시 부친은 똥바가지로 작업했다.

부친은 집 근처 당신의 밭에다가 저장 탱크를 3개 만들어 놓고서는 퍼온 인분을 거기다 쏟아부었다. 3년이 지나면서 탱크에 담긴 인분의 연식은 3등분 된다.

1년짜리, 2년짜리, 3년짜리. 인분은 충분하게 썩혀 발효되어야 진짜 거름이 되는 법이다. 연식이 낮은 인분을 밭에 뿌리면 농작물이 똥독에 타 죽는다. 최소한 3년은 묵혀야 똥독이 없어진다. 푹 썩혀서 3년 묵은 인분을 밭에다 화학비료 대신 뿌려 준다.

그러면 농작물이 눈에 띄게 쑥쑥 잘 자란다. 비료가 무척이나 귀한 시절

에 가장 확실한 유기농 거름으로 이보다 더 좋은 게 없었다. 대단한 발상
이다.

이계우 대표 부친이 지어 헌납한 청양시장 내 공중화장실.
세월이 흘러 새로 정비하여 현대식으로 변했다.

 오줌 한 방울이 귀하여, 아이들이 다니다가 아무 데나 오줌을 싸고 있으
면 어른들이 "이노무 새끼들 그 귀한 걸 거기다가 버리면 안 되지!"라며
나무라던 시절이었다. 그러니 아이들은 바깥에서 놀다가도 오줌이 마려
우면, 집까지 참고 와서 재간(재를 모아 두는 장소)에 쌓인 재에다 오줌을
눈다. 재에 오줌을 섞어 밭에다 뿌리면 요소 역할을 한다. 그 정도로 오줌
과 똥이 귀한 대접을 받던 시절이었다.
이런 원리를 잘 알았던 이계우 대표의 부친은 공중변소를 짓고, 3년 묵힌

　　　　　　　　　　　　　　　　　　　아홉 개의 성공 언어

인분을 밭에 뿌렸더니 농작물 생산량이 배가 되었다. 획기적인 발상이 아닌가. 이 일로 인하여 식량 증산 대회에서 도지사 표창장을 받는다.

똥거름은 남과 비교할 수 없을 정도로 많은 수확을 보장했고, 늘어난 소득은 가난한 살림살이에서 벗어나게 해 주었다. 주거 형태가 변했다. 시골에서 보기 드문 붉은 벽돌로 지은 2층 슬라브 양옥집을 처자식들에게 안겼다. 동네에서 가장 큰 집이다. 그리고 아버지는 주변 사람들이 일반 작물 농사를 지을 때 특용작물을 재배하여 크게 소득을 올리기도 했다.

아버지의 창의적 발상은 자녀들 교육에까지 영향을 미쳤다. 이계우 대표 손위 형제들이 꼬맹이 때의 이야기다. 아버지가 양팔을 뻗으면서 일부러 오른편 팔을 조금 더 길게 내밀면서 묻는다.
"애들아, 어느 쪽 팔이 긴 거 같냐?"
"오른쪽이 더 길어요."
"아버지 오른쪽 팔이 왼쪽보다 더 긴 이유를 알겠니?"
"왜 긴데요?"
"그건 말이다, 아버지가 너희들을 공부시키느라 똥을 푸면서 팔이 늘어났기 때문이란다. 다른 사람들이 네 아버지 뭐 하는 사람이냐고 물으면, 우리 아버지는 똥 푸는 사람이라고 대답해라. 내가 너희들 가르치느라고 똥 푸다가 팔이 늘어났으니, 열심히들 공부해야 한다."

이계우 대표 위 형제들은 이구동성으로, 아버지가 똥 퍼서 자기들을 가르친다는 소리에 정신이 번쩍 들었다고 전한다. 그런 얘기를 듣기 전에는 아버지 몸에서 나는 그 냄새가 그렇게 싫고 창피하게 느꼈는데, 자기들을 가르치느라고 팔이 늘어날 정도로 똥을 너무 많이 퍼서 그렇다는 사실로 이해하게 된다. 어린 나이들이었지만 그 냄새는 자기들 때문이며, 아버지가 빈둥빈둥 놀면서 나는 냄새가 아님을 깨닫는 계기가 되었다.

아버지는 평생 아이들에게 공부하라고 다그치지 않았지만, 형제들은 모두 공부를 잘했다. 똥 퍼서 공부시킨다는 아버지의 말은 형제들이 스스로 열심을 내는 에너지가 되었다.

"너희들은 열심히 공부해서, 아버지처럼 똥 푸는 사람이 되지 말거라!"

아버지의 눈물

부친의 일과는 새벽 3시부터 시작된다. 그 부지런함은 종중 뒷산을 깎아 밭을 만들었고, 결혼 후 20살 때부터 뒷산을 개간해서 특용작물, 약초를 심기 시작했다.

다른 사람은 콩 심고, 깨 심고 할 때, 부친은 황계, 목단 같은 약초를 심어 부가가치를 높였다.

부친의 나이 40이 되면서 청양에서 손에 꼽힐 정도의 부자가 됐다. 70년대 시골 동네는 대부분 초가집이었다. 75년대 중반 이전까지만 해도 농촌은 초가집에 호야불이나 등잔불을 켜고 살았다. 70년대 중반 이후가 되면서 새마을 운동으로 슬레이트 집들이 하나둘 생겼고, 전기가 들어올 때쯤 해서 이 대표네 집은 빨간 벽돌 2층 집으로 변했다. 아버지의 땀과

 아홉 개의 성공 언어

눈물의 결정체였다.

옥상에 올라가 사방을 바라보면 초가집에서 연기가 올라오는 게 보였는데, 유일하게 그의 집에서 올라오는 연기는 없었다.

연탄보일러를 땠고, 목욕탕이 있었고, 로비 마루에 샹들리에가 있었다.

아뿔싸!

영화(榮華)는 길게 이어지지 못했다. 어느 날부터 아버지가 암투병을 시작했다. 모든 재산을 병원에 갖다 바쳤다. 52살에 하늘의 별이 되었다. 그때 이 대표의 나이 9살. 하루아침에 부잣집 막내아들에서 가난한 집 홀어머니 막내아들로 전락했다.

이제는 동네에서 가장 가난한 집이 된 것이다. 그런데 그 상황이 그의 인생에 가장 큰 선물이 될 줄이야!

그 사건은 그에게 자유와 도전, 그리고 매이지 않는 상상의 세계를 경험케 하는 시발점이 되었던 것이다.

02

더 나은 것 vs. 다른 것

단지 더 나아지는 데 그치지 말고,

유일한 존재가 되려고 하라.

- 제리 가르시아 -

일찍이 이계우 대표는 '사람들은 더 좋은 것보다 다른 것에 열광한다.'는 사실을 몸소 체험했다. 그것은 오늘날 마케팅 현장에서 최고보다 최초를 지향하는 것이 낫다는 원칙과 맥을 같이 하는 것이다. 이미 세상은 우수한 제품으로 홍수를 이루고 있는데, 거기서 앞선 제품을 만든다는 것은 정말 어려운 일이다. 그런데 최초의 것에는 사람들이 주목하고, 더 관심을 보인다. 낯설게 보이기 때문이다.

더 중요한 것은 최초는 비교적 찾기 쉽다는 장점이 있다. 그게 바로 차별화(differentiation) 개념이다. 이는 오늘날 이 대표가 끊임없이 추구하고, 강조하는 방식이기도 하다.

키보다 더 큰 연

초등학교 6학년 즈음, 겨울방학 때 연을 만드는 숙제가 있었다. 방패연

아홉 개의 성공 언어

은 가로축보다 세로축이 더 긴 직사각형 모형이다. 가운데에는 큰 원으로 바람구멍을 낸다. 그리고 잘 휘어지되 부러지지 않는 대나무로 연살을 만든다. 먼저 두 개의 연살을 직사각형 창호지 좌우 위 꼭짓점에서 아래 꼭짓점까지 대각선으로 붙이고, 상단과 가운데 가로축과 세로축을 T자 형태로 붙여 고정시키는 것으로 틀이 꾸며진다. 아래 양 끝에 적당히 꼬리를 붙이고, 연실을 이으면 방패연이 완성되는 것이다.

이계우 대표의 머릿속은 다른 친구들보다 잘 만들고 싶다는 생각으로 이내 머리가 복잡해졌다.

읍내에서 창호지를 사고 집에 와서 펼쳐 보니 오늘날 80인치 TV 넓이만 했다. 작은 연을 만들 생각이었다면 창호지를 잘라 쓰면 그만이겠으나, 그냥 큰 연을 만들어 보겠다고 마음먹었다. 대나무를 찾아보니 못자리에 쓰는 폴대가 보였다.

"옳거니, 저거다!"

낫으로 대나무를 깎다가 손을 크게 다치긴 했지만 큰 문제가 되지 못했다. 못자리에 쓰는 대나무를 가져다가 연살을 만든다고 깎아 버렸으니…, 어머니한테 된통 혼났다. 아무튼 방패연을 만들었는데, 세우면 그의 머리통이 안 보일 정도로 컸다.

겨울방학 숙제로 가져가기 전, 어느 바람 부는 날에 언덕에 올라 연을 띄워 날려 봤다. 잘 뜨나 싶었는데, 바람이 조금 세지더니 연실이 뚝 끊어지고 만다. 바람 부는 날을 택해 띄웠더니 그의 작은 몸이 함께 날아갈 정도로 당기는 힘이 장난 아니게 세다.

좀 강한 연줄이 될 만한 것이 없나 찾다 보니, 못줄(모내기 할 때 줄을 맞추기 위해 사용하는 나일론 줄)이 눈에 띄었다. 이번에는 줄이 너무 굵어 얼레에 다 감기지 않을뿐더러, 연줄이 너무 무거워 땅에 끌리는 게 문제가 되었다.

궁리 끝에 여러 가닥으로 된 나일론 줄을 풀었다. 연실 굵기와 무게가 3분의 1로 줄었고, 강도 또한 큰 문제가 없어 보였다.

이만하면 되겠다 싶었다. 다시 한번 연을 날려 보았는데, 문짝처럼 거대한 연이 두둥실 떠오른다. 연실이 팽팽해지며, 몸이 딸려 갈 만큼 당기는 힘이 놀랍다. 바람이 좀 불어 주니 더 대단하다. 바람이 잠잠해지면 땅으로 꽂히고…, 그래서 연이 찢어지면 다시 고쳐서 날리고….

긴 겨울방학이 끝나고, 깨끗하게 단장한 문짝 크기만 한 방패연을 짊어지고 학교에 간다. 사람은 보이지 않고, 마치 연이 걸어가는 형국이다. 지나가던 사람들이 "이거 뭐지?" 하며 앞으로 와서 확인하고는 "사람이 있었네"라며 웃는다. 어른들은 하하하, 아이들은 히히히 하고 재미있어한다. 딱정벌레만 한 꼬맹이가 대문을 지고 가고 있으니!

학교에 도착했는데, 저게 뜨겠냐며 친구들이 여기저기서 비아냥이다. 그러거나 말거나!

선생님도 다른 아이들 연보다 크게 만들었다고 창의성을 인정하신다. 교실 뒤편에 디스플레이 해 놓았고, 품평에서는 선생님들이 이 대표의 작품에 최고 점수를 줬다. 작품 부문에서는 최우수평가를 받은 거다.

 아홉 개의 성공 언어

다음은 기능 평가를 할 차례다. 바람 부는 날에 연날리기 대회를 했다. 그의 연이 가장 멀리 나갔다. 그런데 착시가 생긴 거다. 그의 연이 다른 연에 비해 너무 컸으니, 높고 멀리 떴지만 크게 보였던 거다. 다른 연들이 상대적으로 더 작게 보이니, 선생님이 보기에는 그것들이 더 멀리 나간 걸로 보였던가 보다. 다른 아이들 역시 모두 그렇게 봤을려나.

선생님이 친구의 작은 연을 보고는, "이야, 되게 멀리 나갔네!"라고 평가한다. 이 대표의 연은 결국 작품상으로 만족해야 했다. 좀 억울한 생각이 들었지만 마음이 상하진 않았다. 그 일은 그렇게 작은 추억으로 아련히 남아 있고, 그때 깨달은 바가 많았다.

"아하, 사람들은 더 좋은 것(better)보다는 다른 것(different)을 좋아하는구나." 하는 통찰을 얻게 된 것이다.

상(賞)과는 비교할 수 없을 만큼 큰 소득이었다.

03

싫지 않은 별명, 사이코

틀릴 준비가 되어 있지 않다면,

결코 독창적인 것을 만들어 낼 수 없다.

- 켄 로빈슨 -

사이코(Psycho)란, 원래 정신병 환자를 뜻하지만 흔히 비정상적인 행동을 하는 사람을 이르는 속어로 쓰인다.

이계우 대표의 어린 시절, 어느 때부터인가 같은 일에도 남들과 뭔가 조금 달리하고, 독특하게 하니까 사람들이 즐거워하고 좋아하는 것을 알게 되었다. 그런 행동을 반복하다 보니 고등학교 때 그의 별명은 '사이코'가 되어 있었다.

이른바, 신기성 효과(novelty bias)라는 게 있다. 새로운 것에 대한 본능적인 끌림 현상인데, 이는 도파민 분비를 유도하여 쾌감을 주기 때문이다. 반대로 얘기하면, 아무리 좋은 것이라도 익숙해지면 흥미를 잃기 쉽다는 뜻이기도 하다. 젊은이들이 스마트폰을 바꾼 지 오래되지 않았음에도 불구하고 새 모델이 나오면 사고 싶어지는 이유가 된다. 이런 심리적 특성을 마케터들은 교묘하게 파고든다.

어쨌든 이 대표는 사람들에게 이런 심리적 특성이 있다는 것을 일찍이 감각적으로 알았다는 것은 신기한 일이다.

너 진짜 사이코네!

아동심리학적으로 말하자면 아이들이 딴짓하는 것은 사랑받고 싶어서 그렇단다. 때로는 부모로부터의 애정 결핍이 그런 행동의 근원이 되기도 한다.

사실 의도적으로 다르게 생각하고 행동한다는 것은 결코 쉬운 일이 아니다. 이계우 대표의 그런 행동에는 다분히 의도적인 구석이 있었기에 친구들의 그런 놀림에 크게 상처받는 일은 없었다.

진짜 거지는 "이 거지 같은 놈"이라는 말에 저항한다. 감추고 싶은데, 들켰다는 생각에 구겨진 자존심이 너그러움을 방해한다. 그런데 의도적으로 거지 행세를 하는 사람은 "이 거지 같은 놈"이란 비아냥에 미소 짓는다. 그의 연기가 완벽했다는 데 대한 자부심에서 나오는 흐뭇함이다.

"친구들이 저를 보고 사이코라고 했을 때도, 내가 별다른 대응을 하지 않으니, 당연히 부정적인 반응을 기대했던 애들한테는 진짜 이상한 놈으로 보였던가 봅니다."

"저 새끼 진짜 사이코네."

그럴 때마다 친하게 지내는 친구들은 그런 그에게 묻곤 했다.

"야! 임마 계우야. 애들이 너보고 사이코라고 그럴 때 너 기분 나쁘지 않냐?"

"그런 걸 가지고 내가 왜 기분 나빠해야 하는데?"

"이놈 이거 진짜 사이코네!"
"근데 너희는 왜 나를 사이코라고 하냐?"
"너는 맨날 하는 것마다, 생각하는 것마다, 말하는 것마다, 다른 애들과 좀 달라. 넌 정말 희한한 놈이야."

　　이계우 대표는 누군가와 똑같은 생각, 똑같은 행동, 루틴한 것들을 의도적으로 버렸다. 누구나 하는 뻔한 것들에 별 재미를 느끼지 못했다. 그의 그런 특성은 오늘날 비즈니스 현장에서도 그대로 반영되고 있다. 그런 기질이 발휘된 것의 시초는 바로 초등학교 겨울방학 방패연 사건에서부터 비롯되었다고 한다. 아쿠아픽의 창발(창의적 발상)적 경영의 싹은 이미 거기서부터 시작하고 있었던 것이 아닐까 싶다.
그의 사이코 같은 생각과 행동 중 그냥 넘기기 어려운, 눈에 띄는 사건이 있어 소개한다.
이미 언급했듯이 청양 그의 집은 당시 시골 동네에서는 보기 드문 2층 양옥이었다. 필자들이 직접 확인한 결과, 약간 경사진 부지에 자리 잡고 있어 그런지 2층이지만 보통의 2층 높이보다 아찔할 정도로 높다. 초등학교 2학년 때의 일이다. 옥상에서 밑을 바라본 이 대표, TV에서 본 국군의 날 행사와 영화에서 본 고공 낙하 장면이 머리를 스쳤다. 날고 싶었다.
"그래, 나도 한번 뛰어내려 보는 거다!"
우산을 폈다. 옥상에 선 자기 모습이 마치 고공 낙하를 위해 헬리콥터 문 앞에 서 있는 공수부대원의 비장함과 순간적으로 오버랩되면서 그는 냅다 몸을 허공으로 날렸다.
"얏호! (3초도 안 되어) 아얏!"

　　　　　　　　　　　　　　　아홉 개의 성공 언어

무참하게도 우산은 그를 끝까지 지켜 주지 못했다.

청양 이계우 대표의 고향집이다. 동네에서 유일한 2층 집이다.
그는 옥상에서 우산을 펴고 뛰어내렸다.

평범한 이들의 눈으로 보면 천방지축 무모한 행동이라고 혀를 찼을 법한 사건이겠지만, 다른 시각으로 보면 호기심과 실험정신이 현실화된 것이라고 할 수 있지 않을까. 어미 닭이 알을 품으면 병아리가 나온다는 말을 들은 에디슨이 알을 품고 종일 앉아 있었다는 일화와 겹치는 대목이다. 이계우 대표의 그 호기심과 실험정신이야말로 오늘날 남들이 가지 않는 길을 가게 하는 에너지가 되고 있을 것이라고 확신하는 바이다.

04

엑스포의 차별화, 명함

붐비는 시장에서 섞여드는 것은 실패다.

눈에 띄지 않는 것은 존재하지 않는 것과 같다.

- 세스 고딘 -

오후 늦은 시간까지 계속된 인터뷰를 마치고, 저녁 식사 자리에서도 그의 사이코적 행동에 관한 이야기는 계속되었다. 얼른 휴대폰을 꺼내 다시 녹취 어플을 켠다. 이번에는 또 무슨 스토리일까 기대 만발이다. 놓치고 싶지 않은, 아니 놓치면 안 될 것 같은 생생한 메시지에 대한 갈망이 그만큼 컸다고나 할까.

이번에는 엑스포 참가에 관한 이야기가 저녁 만찬의 새로운 메뉴로 등장한다. 엑스포(전시회)는 바이어를 붙잡을 수 있는 절호의 찬스라는 것을 누가 모르랴. 문제는 어떻게 별로 알려진 바 없는 브랜드에 글로벌 비즈니스맨들의 주의(attention)를 갖게 할 것인가이다. 평범한 전략은 이계우 대표의 루틴이 아니다. 오랜 경험 끝에 그는 엑스포에서 명함이 큰 역할을 한다는 것에 주목했다. 어떻게 했을까?

작은 것으로 큰 효과를 거두는 비결

엑스포 전시 기간은 보통 4일이다. 전시회 때마다 하루에 뿌리는 명함은 500장 정도인데, 그러면 전시 기간 중 약 2,000장이 필요하다. 명함을 차별화할 방법을 찾는다.

일단 엑스포용 명함을 일반 명함과는 별도로 크기부터 다르게 제작한다. 처음에는 거기에 1달러 지폐를 붙여 전달했는데, 결과가 신통치 않았다. 달러만 거두고 명함은 쓰레기통에 버려지는 현상이 눈에 띄었다.

방법을 바꿨다. 달러가 붙어 있던 자리를 원화 천 원짜리가 차지했다. 은행에서 천 원짜리를 신권으로 2,000장(200만 원) 바꿔서 준비한다. 이번에는 대박이다. 그들의 가슴에 제대로 꽂혔다. 버리는 사람이 없다. 1,000원이라고 쓰여 있는 게 신기해서 가끔 물어오는 이들도 있다.

"1,000 WON(천 원)이라고 쓰여 있는데 이게 뭐냐?"

"Bank of Korea라고 쓰여 있듯이 그거 한국 돈인데, 진짜 돈이다. 당신이 한국에 오면 이걸로 물건을 살 수 있다. 언제 한번 한국에 와 봐라."

"이거 값어치(value)가 어느 정도나 되는가?"

"알고 싶다면 오늘 당신이 묵고 있는 호텔 들어가서 알아봐라."

나중에는 사람들이 이계우 대표와 얼굴만 마주쳐도 명함(돈과 함께) 달라고 할 정도로 유명해졌다. 그러면서 자연스럽게 명함이 교환되며, 라포(Rapport)[9]가 형성된다. 먼저 제품으로 다가가는 것이 아니라, 인간적

---

9) 두 사람 사이에 상호신뢰 관계가 형성되어 감정교류를 통한 공감이 이루어진 상태를 의미한다.

교감이 먼저 이루어지고 나면 얘기의 끈은 자연스럽게 제품으로 이어지게 마련이다. 아쿠아픽 제품에 관심이 있는 사람에게는 직원과 직접 상담할 수 있도록 주선해 준다.

이런 활동은 사소해 보이지만 묘하게도 사람들은 거기에 마음을 열고 움직인다. 오늘날 해외 바이어는 거의 그런 과정에서 맺어졌다. 그들은 그렇게 받은 명함을 절대 안 버린다. 그런 식으로 10년 전에 만난 바이어가 거짓말처럼 자기 지갑 속에서 그때 받은 돈(1,000 WON)을 꺼내 보이기도 한다. 그 긴 기간을 지갑에 고이 간직해 온 것이다. 이게 바로 글로벌 감동의 한 자락이 아니고 뭐겠는가. 그들에게 1,000 WON 지폐는 천 원 이상의 값(value)으로 쟁여 둔 것이다. 나라와 문화는 달라도 사람의 마음을 움직이는 포인트는 대동소이하다는 것을 이해할 수 있다.

1,000원짜리에 얽힌 에피소드가 또 하나 있다. 엑스포용 명함(현금을 붙인 명함 2,000장)을 갖고 가다가 중국 입국 검색대에서 수상한 물체로 스캔되었다. 가방에 담았는데 부피가 장난 아니게 두꺼웠다.
중국 세관 공안이 이게 뭐냐고 따지듯 묻는다. 옥신각신하다가 해명이 되어 나중에 풀려나는 일이 여러 번 있었다.
전시회는 명함이다. 누구든 예외 없이 첫 번째 비즈니스 접점 포인트를 명함 이외의 다른 것에서 찾기란 쉽지 않은 것 같다. 그런데 중요한 것은 거기에 어떤 차별화 포인트를 부여할 것인가이다. 수백 장씩 받은 명함 중에서 상대방의 기억 속에 남아 있게 하는 전략이 필요하다. 소비자 심리학 용어 중 차별적 문턱(discriminative threshold)이라는 게 있다. 어떤

 아홉 개의 성공 언어

자극(가격, 품질, 용량 등)의 차이를 소비자가 인지할 수 있는 최소한의 차이를 의미한다. 쉽게 말하면, 소비자가 두 상품을 놓고 저울질할 때 서로 다르다고 느끼기 시작하는 최소 수준의 차이이다. 이계우 대표가 건네는 명함은 다른 것들과 다르다는 것을 느꼈음이 분명해 보인다. 즉, 기억의 차별적 문턱을 넘긴 것이다. 멋진 아이디어의 결과다. 이것 또 하나의 작지 않은 창발(創發)이다. 전시장에서 돈을 주는 것, 아마 이 대표가 세계 최초 아닐까.

그는 스스로 본인의 닉네임을 크리베이터(CreaVator)라고 칭하길 좋아한다. Creative(창의적인)와 Motivator(동기부여가)의 합성어다. 굳이 번역하자면 창조적 동기부여가라고 할 수 있겠다. 또는 창발(창조적 발상) 전문가이기도 하며, 그것은 '사이코'를 긍정적으로 해석한 것일 수도 있다. 먼 옛날 청양에서 시작된 천방지축(?)의 연장이라고 해도 틀리지 않을 것 같다.

생각에 장막을 치지 아니하고, 자유롭게 경계를 넘나드는 새처럼 그는 상상에 한계 짓기를 거부한다. 무엇을 시도하든 가능성의 시선으로 접근하고, 기존의 틀을 깨는 데서 출발하고자 한다. 함께 일하는 파트너들에게도 그런 시각을 요구한다.

아직은 먼 미래의 얘기겠지만 세상과 작별한 후, 자신의 묘비에 '크리베이터 이계우'라고 기록되길 원하지 않을까 싶다.

참외는 참외요, 수박은 수박이다

이계우 대표는 본인이 그렇듯, 획일성을 경계하는 흔치 않은 CEO다. 모든 사람은 자신만의 고유한 결이 있으며 성과를 내는 방법이 다를 수 있음을 일찍이 깨달았다. 이 대표에게는 여느 CEO들이 갈망하는 일렬종대·일사불란과 같은 용어가 어색하고 서투르다.

MBTI[10]는 사람의 성격을 16가지로 나누어 설명하는 심리검사 도구다. 물론 복잡다양한 사람의 성격을 16가지로 단순화하여 들여다보는 것 자체에 문제가 없는 것은 아니지만, 오늘날 '자기확인적 성격검사' 도구로 많이 활용되고 있다.

모든 심리검사가 그렇듯, 주의할 부분이 있다. 좋고 나쁜 유형이 없으니, 특정 유형을 가진 어떤 사람을 절대로 재단하거나 규정해서는 안 된다.

참외가 수박보다, 수박이 참외보다 맛있다고 할 수 있을까? 참외는 참외 고유의 맛과 향과 모양이 있는 것이며, 수박은 수박대로 고유한 맛과 향, 그리고 모양이 있는 것일 뿐 결코 어느 쪽이 낫다고 할 수는 없는 것이다.

요지는, 사람은 서로 다른 것일 뿐이지 자신과 다르다고 나쁜 것으로 취급해서는 결코 공동체가 원만하게 굴러가기가 어렵다.

이계우 대표가 주목하는 부분이 바로 그 지점이다. 사람마다 결이 다른데, 내가 둥글다고 네모난 것은 나쁘니까 나처럼 둥글어야 한다고 강요한다면 조직은 숨 쉴 구멍을 잃게 된다.

---

10) Myers-Briggs Type Indicator의 약자로서 개인이 성격유형을 16가지로 분류하는 자기보고식 성격유형 검사이다.

카피(복제) 인생이 아니라 주도적 인생으로 살아가길 원하고, 조직 분위기를 그렇게 만들기 위해 힘쓰는 모습이 역력하다.

"당신 고유의 결을 찾아서, 즐겁고 잘하는 것을 더 잘할 수 있도록 하십시오."라는 것이 이 대표가 평소 강조하는 인적자원 개발 방침이다.

그런 풍토 속에서 개인은 자부심이 생기는 법이다. 옛말에 사람은 고쳐쓰기가 어렵다는 말도 있지 않은가. 고유성을 존중하면서 잘하는 부분을 더 잘할 수 있도록 지원하는 시스템이야말로 최고의 조직문화다.

따라서 경영자에게 필요한 리더십 중 하나는 누가 무엇을 잘하는지 빨리 파악해서 그가 잘하는 쪽으로 미션을 주는 것에 집중하는 것이다. 그것이 바로 이 대표가 지향하는 바다.

그래야 서로 행복을 나눠 가질 수 있지 않을까. 그래서 그는 가끔 직원들에게 묻는다.

"자네 괜찮은 거야? 행복한 거야?"

"대표님 저 정말 행복해요. 저 잘할 수 있어요. 저 즐겁습니다."

이런 대답에 이 대표는 마음 가득하게 차오르는 기쁨과 보람을 느낀다.

"그래, 이 길이다!"

필자들에게는 자격이 주어질 리 만무한 일이지만, 만에 하나 가능하다면 이런 조직에 합류할 수 있으면 좋겠는데…

괜히 질투가 나지만 어쩔 수 없는 일이다.

05

낯설게 만들기

창의성이란 단지 사물을 새로운 방식으로

연결하는 것이다.

- 스티브 잡스 -

크리베이터 이계우 대표가 자주 사용하는 '틀 깨기'의 도구가 있다. SCAMPER(스캠퍼)다.

알렉스 오즈번(Alex Osborn)이 고안한 브레인스토밍 기법에서 영감을 받아, 오늘날의 SCAMPER를 아이디어 창출 도구로 체계화하여 발전시킨 사람은 밥 에벌렛(Bob Eberle)이다. 사실은 아이디어 창출을 위한 질문 목록이라고 할 수 있겠다. 그만큼 창발 과정에 질문이 중요하다는 뜻이다. 필자들이 기억하기로, 개발·보급된 지는 오래되었으나 적극적으로 사용하는 사람은 많지 않은 것 같아 아쉽다. 어떤 도구든 지속적으로 사용하면서 내재화해 나가는 게 상책인데 어쩌면 우리는 제대로 뿌리 내리기도 전에 새로운 도구만을 찾는 풍토에 젖어 있는 건 아닐까? 어쨌든 SCAMPER의 내용은 다음과 같다.

S(Substitute): (성분, 물질, 절차, 장소 등을) 대체한다면?
C(Combine): (아이디어, 주제, 모양, 물질 등을) 결합한다면?

A(Adapt): (모방, 흉내, 유사, 아이디어 등에) 응용한다면?

M(Modify, Magnify): (모양, 가치, 시간, 빈도, 색상, 소리, 향기, 동작 등을) 변형/확대한다면?

P(Put to other use): 다른 용도는?

E(Eliminate or minify): (압축, 간소화, 간결 등을 포함) 제거 혹은 축소한다면?

R(Reverse or Rearrange): (배열, 순서 등을) 뒤집기 혹은 재배열한다면?

다음은 이상의 내용을 사례와 함께 보다 구체적으로 정리해 본 것이다.

Substitute (대체하라)

기존의 구성 요소, 자원, 재료, 방법 등을 다른 것으로 대체할 수 있는지 질문한다.

예: "이 부분을 다른 재료로 바꾸면 어떻게 될까?"

넷플릭스는 전통적인 DVD 대여점을, 테슬라는 내연기관 자동차를, 카카오톡은 기존 문자 메시지 서비스를 대체한 것이다.

Combine (결합하라)

서로 다른 요소나 아이디어를 결합하여 새로운 것을 만들어 낼 수 있는지 탐구한다.

예: "이 두 가지 제품을 결합하면 어떤 새로운 제품이 될까?"

스타벅스는 카페 + 사교 공간 + 프리미엄 브랜드 이미지를, 하이브리드 자동차는 내연기관 + 전기모터를, 유튜브는 동영상 플랫폼 + 소셜 네트워크 + 광고 모델이 결합된 것이다.

Adapt (적용하라)

　기존 아이디어나 기술을 다른 용도나 상황에 맞게 변형하거나 적용할 수 있는지 살펴본다.

예: "이것을 다른 산업이나 상황에 사용할 수 있을까?"

스포츠 신발 기술을 의료용 신발에, 카메라 필름 제작 기술을 화장품 제조에, 필름과 광학기술을 의료진단기기 등에 적용하여 성공한 사례들이다. 후지필름은 필름 제조 과정에서 쌓은 정밀화학, 나노코팅, 이미지 처리기술 등을 토대로 화장품, 의약, 의료기기 분야로 진출하여 성공한 기업으로 알려져 있다.

Modify (수정하라)

기존 아이디어의 크기, 모양, 색상, 기능 등을 변경하여 새로운 아이디어를 창출한다.

예: "크기를 키우거나 줄이면 어떻게 달라질까?"

　　　　　　　　　　　　아홉 개의 성공 언어

미니 사이즈 캔 음료, 넷북은 기존의 노트북보다 크기와 성능을 줄이고
(가격은 낮게), 트위터는 글자 수를 140자로 제한한 '짧은 메시지'라는 콘
셉트를 적용한 것 등이 대표적인 사례이다.

Put to another use (다른 용도를 찾아라)

　제품이나 아이디어를 원래의 용도 외에 다른 방식으로 사용할 방법을
탐구한다.
예: "이것을 전혀 다른 목적으로 사용할 수 있을까?"
폐타이어를 재활용하여 놀이터 바닥재로 활용하고 있으며, 한번 사용한
종이컵을 모종 재배용으로 재활용하고 있다.

Eliminate (제거하라)

　불필요한 요소를 제거하여 더 간단하거나 효율적인 솔루션을 만들어 낼
수 있는지 살펴본다.
예: "이것을 제거해도 작동할까?"
스마트폰은 물리적 버튼을 제거하여 터치스크린만으로 작동하도록 설계
하였고, 타이니 하우스(Tiny House Movement)는 기존 주택의 많은 공
산과 복잡한 시설을 제거하고, 필수적인 공간과 기능만을 가진 작은 집을
제공하고 있다.

Reverse/Rearrange (역전/재배열하라)

순서를 바꾸거나 방향을 뒤집어서 새로운 아이디어를 만들어 낼 수 있는지 탐구한다.

예: "이 과정을 반대로 하면 어떤 변화가 생길까?"

이케아(IKEA)는 가구 제작 과정에서 조립을 제조사가 아닌 고객에게 맡기는 방식으로, 도미노 피자(Domino's Pizza)는 피자를 매장에서 먹는 것을 기본으로 하던 방식을 재배열함으로써 배달과 빠른 서비스 중심으로 전환하였다.

이상에서 알 수 있듯이, 창의력이란 전혀 새로운 것을 만들어 내는 작업이라고 하기보다, 이미 존재하는 것들을 적절하게 편집(SCAMPER)하여 낯설게 하는 것이라고 한다면 좀 마음이 편해지지 않을까? 그것은 최고가 되고자 하는 과정이라기보다 최초가 되기 위한 노력이라고 할 수 있을 것이다. 여기에서 반드시 빠질 수 없는 수단이 있다.

'질문 던지기!'

해(sun) 아래 새로운 것은 없다.

QR을 찍으면 이계우 대표의 '창발(創發)' 강의를 들을 수 있습니다.

아홉 개의 성공 언어

관계

01

행복의 조건

고립된 행복은 존재하지 않는다.

행복은 언제나 나와 너 사이에 있다.

- 마르틴 부버 -

사람들은 모두 행복한 삶을 갈망하지만 아쉽게도 행복은 공기처럼 공평하게 배분되지는 않는 것 같다. 우리나라의 경우, 2015년 KDCA(질병관리청) 조사(19세 이상 성인 남녀 대상)에 따르면 조사 대상자 중 34.7%만이 자신의 삶에 대해 행복하다고 응답했다. 도대체 행복한 삶을 결정짓는 조건이 무엇이길래 그토록 도달하기 어려운 것일까. 흥미로운 주제이기에 좀 더 구체적으로 들어가 살펴보는 게 좋겠다.

『행복의 조건(Triumphs of Experience)』은 하버드 대학교에서 75년간의 장기 연구 프로젝트인 '하버드 성인발달연구(Harvard Study of Adult Development)'를 바탕으로 인간의 행복과 웰빙에 대해 탐구한 보고서 형식으로 편집된 책이다. 동 대학교 정신의학과 교수인 조지 베일런트(George E. Vaillant)가 완성했는데, 인간의 삶에서 행복과 성공을 결정짓는 핵심 요소들에 대한 실험 결과를 소개하고 있다. 다음과 같은 내용들로 구성되어 있다.

아홉 개의 성공 언어

첫째, 행복과 웰빙의 가장 중요한 요인은 돈, 명예, 성공이 아니라 깊고 의미 있는 인간관계이다. 사랑을 주고받는 관계가 가장 큰 행복을 가져다주며, 이는 가족·친구·파트너와의 관계를 포함한다. 외로움은 건강과 정신에 악영향을 미치는 중요한 요인으로 확인되었다. 특히, 유머 감각은 사람들과의 마음의 장벽을 쉽게 허물게 함으로써 빨리 친해질 수 있는 최적의 수단으로 꼽는다.

둘째, 행복한 삶을 사는 사람들은 성숙한 방어기제를 사용하는 경향이 있다. 예를 들어, 유머·이타심·포용과 같은 긍정적인 감정 조절 방식은 스트레스를 완화하고 삶에 만족감을 더한다.
반대로, 회피나 공격적인 태도는 장기적으로 웰빙을 해친다.

셋째, 성공이 반드시 행복을 보장하지 않는다. 직업적 성공이나 사회적 지위는 삶의 만족도를 높이는 데 한계가 있다. 그것들이 필요조건일 수는 있으나 충분조건까지는 미치지 못한다는 뜻이다. 돈과 명예는 단기적인 만족감을 줄 수 있지만, 장기적인 행복은 개인의 가치관과 인간관계에서 비롯된다. 하버드 졸업생 중에는 한때 성공 가도를 달리다가 살인을 저지른 경우도 있었고, 알콜 중독으로 인생이 망가지는 사람도 있었다. 건강과 삶의 만족도는 중년 이후 더 중요해진다.

넷째, 운동·절제된 음주·금연·균형 잡힌 식습관 등 건강한 생활 습관은 장수와 행복에 큰 영향을 미친다.
신체적 건강과 정신적 건강은 상호 연결되어 있으며, 특히 노년기에 이

둘의 조화가 삶의 질을 결정한다.

다섯째, 행복과 성공은 한순간의 결과가 아니라, 삶 전체에 걸쳐 만들어지는 것이다. 사람은 끊임없이 성장하고 변할 수 있다. 중년 이후에도 긍정적인 변화를 추구할 수 있으며, 이는 개인의 선택과 노력에 달려 있다.

조지 베일런트는 이 책을 통해 돈이나 외적 성공보다는 인간관계, 건강한 감정 조절, 지속적인 내적 성장이 행복의 진정한 조건임을 강조하고 있다. 또한 그의 연구는 인생을 살아가며 무엇에 집중해야 할지에 대한 깊은 통찰을 제공하고 있다. 좀 두껍기는 하지만 진정으로 행복한 삶을 영위하고 싶다면 꼭 곁에 두어 생각날 때마다 들여다보는 참고도서로 삼아도 좋을 듯하다.

이상의 다섯 가지 조건 중 하나만 꼽으라면 독자께서는 무엇을 선택하겠는가?

연구에 따르면, 인간관계는 개인의 정서적 안정, 스트레스 감소, 그리고 전반적인 행복감에 가장 큰 영향을 미친다고 한다. 다른 요소들도 중요하지만, 인간관계는 우리의 삶의 모든 측면에 두루 영향을 미친다. 예를 들어, 인간관계가 좋으면 스트레스 관리가 쉬워지고, 건강을 유지하거나 목표를 추구할 때도 주변의 지지가 있으면 큰 힘이 된다.

물론 개인에 따라 다르게 느낄 수 있겠지만, 관계에서 얻는 사랑과 지지는 행복을 오래 지속시키는 원동력이 된다는 사실에 동의할 뿐만 아니라, 우리 모두 경험적으로 잘 알고 있다.

 아홉 개의 성공 언어

아래에 열거한 몇 가지 질문들에 대해 잠시 답과 함께 생각해 보도록 하자.

· 집에 돈은 많은데, 가족들(부부지간, 부자지간, 형제지간)끼리 관계가 안 좋으면?
· 상사가 실력과 경험은 풍부하나 팀원들과 관계가 좋지 않다면?
· 선생이 가르치는 능력은 있으나 학생들과 관계가 별로 좋지 않다면?
· 회사가 제품은 좋은데, 고객들과 관계가 안 좋다면?

각각의 질문에 대해서 필자들은 다음과 같이 답을 정리해 보았다.
· 집안이 어둡다 → 가족이 행복하지 않다.
· 팀 성과가 오르지 않는다 → 팀이 우울해진다.
· 존경받지 못한다 → 공부가 즐겁지 않다.
· 매출이 오르지 않는다 → 회사가 어려워진다.

　이상의 질문에 대한 대답을 종합해 보면, 결국 관계가 '행복(즐거움)'과 직접으로 연결되어 있다는 것을 알 수 있다. 사람들이 땅에 발을 딛고 사는 모든 곳, 모든 일이 관계의 영향을 받고 있다는 사실을 안다면 이 시간 이후부터 '관계 연구'에 돌입해야 마땅하리라. 비즈니스도 궁극적으로는 관계, 그 이상 그 이하도 아니다. 필자들 역시 그 말에 전적으로 공감하는 바이다.
이제 이 대표의 관계 경영을 탐구해 볼 차례이다.

02

인자무적(仁者無敵)

사람을 감화시키는 것은 무력이 아니라 덕이다.

- 에이브러햄 링컨 -

9살 때 돌아가신 이계우 대표의 아버지. 생전에 남긴 여러 가지 좋은 무형의 자산들이 있는데, 그중 하나가 바로 인자무적(仁者無敵, 어진 사람에게는 적이 없다. 적을 만들고 살지 말라)이다. 부친은 일찍이 관계의 중요성을 알고, 몸소 실천하고 계셨다.
45년이 흐른 지금, 아버지 방 벽에 이제는 누렇게 변한 그 액자가 아직도 걸려 있다. 그 속에 아버지 모습이 선연히 남아, 선한 미소로 자녀와 손자·손녀들을 바라보고 있다.

진정한 섬김의 표상

부모님에게서 배운 게 여럿 있지만, 그중 하나가 섬김을 통한 관계의 중요성에 대한 부분이라고 이 대표는 고백한다. 지나고 보니, 그게 삶에서 가장 소중하다는 걸 깨닫고 있단다.

이계우 대표가 기억하고 있는 사례를 정리해 본다.

이계우 대표 부친의 방에 걸린 액자.
인자무적(仁者無敵, 어진 사람에게는 적이 없다. 적을 만들고 살지 말라)

　70년대에는 산업화가 덜 된 시기라 끼니를 챙기기 어려운 이웃들이 많았다. 시골에서는 굴뚝에서 연기가 나고, 밥을 뜸 들인 후 풀 때쯤 되면 배곯은 거지들이 집집마다 기웃거리기 시작한다. 그의 집안도 그렇게 잘 살지는 못했는데, 아무튼 거지들이 겨울철에 대문 앞에서 추워서 덜덜 떨며 처량한 모습으로 "밥 좀 주세요" 한다.

그런 모습을 본 아버지는 그들을 애통해하는 마음으로 거두었다. 안방으로 들어오라고 하고, 거지늘을 위해 당신의 아랫목을 내어 주곤 했다.

그 당시에는 어머니와 아버지 밥상이, 아버지와 아들·딸의 밥상이 다른 시절이었는데, 아버지는 당신 옆에 거지들을 앉혀 놓고 식사하도록 배려했다. 거지들이 얼마나 미안하고 쑥스러워했을까 짐작이 간다. 괜찮다고 하는데도 굳이 아버지는 그들을 옆에 앉도록 한다. 이른바, 겸상이다. 어머니가 큰 밥그릇에 밥을 넘치도록 퍼서 그들이 배불리 먹을 수 있도록 했다.

그들이 언제든 와도 그렇게 했단다. 그리고 밥을 먹고 나갈 때는 작은 단지에다가 고추장이며 김치, 그리고 밥 이런 것들을 꽉꽉 채워서 보냈다. 옛날에는 하루 해결할 끼니를 대부분 아침에 해 두는 경우가 많았다. 큰 솥에다가 뚜껑 덮어 놓고 보관했다가 점심에 좀 데워서 먹곤 했는데, 점심 때쯤 해서 거지들이 오면 저녁에 먹어야 할 밥을 그들에게 퍼 주곤 한 것이다. 때로는 쌀을 양손 가득 들려 보내기도 했다.

우리도 염치가 있어야죠

한번은 동네에서 흥미로운 사건이 터졌다. 옛날 시골에서는 농한기가 되면 버스를 대절하여 놀이 가는 것이 연례행사처럼 되어 있었다. 거의 모든 마을 어른들이 함께 집을 비우고 관광차 나간다. 이계우 대표 집 역시 예외가 아니었는데, 20가구 정도 되는 동네가 텅텅 비게 되는 상황이 벌어진다.

어느 해인가, 놀러 갔다 왔는데 난리가 났다. 동네 전체가 다 털린 것이다. 경찰이 여기저기 수소문한 끝에 기어이 도둑들을 잡았는데 평소에 익히 알고 있었던 그 거지들이었다.

 아홉 개의 성공 언어

그들은 평소 동네 돌아가는 소문을 다 알고 있었다. 동네 어귀 다리 밑에 사는 사람도 있었고, 판잣집에 사는 사람도 있었는데 지척에 있는 동네 사람들이 언제 여행 가는지 다 꿰고 있었다.

그런데 이상한 일이다. 온 동네가 다 털렸는데, 이계우 대표 집만 스쳐 지나간 것이다.

잡힌 거지한테 경찰이 이 대표의 아버지 이름을 대면서 '그 집은 왜 안 털었냐?'고 물었는데, 거지의 대답 중에 아직까지도 동네 어른들 사이에서 회자되는 말이 있단다.

"우리도 아무리 거지지만 염치가 있어서 맨날 동냥 가지 않아요. 그런데 다른 집 가면 더럽다고 쫓아내고, 욕하고, 막대기 저으면서 막고 오지 말라고 합니다. 모두가 거들떠보지 않습니다. 동네 이곳저곳을 떠돌다가 결국은 그 집으로 가요."

그렇다. 그래도 그들을 인간적으로 대해 주는 마지막 한 곳, 그게 바로 이 대표 집이었다고 고백한다. 늘 고마워서 뭔가 은혜를 갚아야겠다고 하면서도 마땅히 가진 것이 없으니 별다른 도리가 없었다. 그런 마당인데 "그 댁에 피해 줘서야 되겠냐?"라는 거다. 이런 상황에서 떠오르는 속어가 하나 있다.

벼룩도 낯짝이 있지!

　그의 형제들은 그 광경을 다 보고, 경험하면서 자랐다. 사실 아버지 어머니가 그렇게 베풀 때마다 당시에 사춘기였던 그의 형제들은 별로 좋아하지 않았다. 당연히 그랬을 것으로 짐작이 간다. 잊을 만하면 나타나 냄새나는 그들과 아버지가 겸상을 하는 모습이 곱게 보일 리 없었겠지. 그런데도 부모님은 아랑곳하지 않고 묵묵히 그들을 진심으로 대했다. 그 모습이 오늘날 자녀들에게 미친 영향이 적지 않았을 것으로 확신한다.

손에 쥔 것이 없었던 거지들은 이계우 대표 집에 딱히 보답할 마땅한 방법이 없어 늘 미안해했다. 나무로 뭔가를 만드는 재주는 있었는지, 지게 받이를 만들어 오기도 하고, 가끔은 싸리 빗자루를 만들어 지게에 잔뜩 싣고 와서는 지게와 함께 놓고 가기도 했다.

"우리가 드릴 수 있는 건 이거밖에 없다"고 겸연쩍어하면서 안겨 주고 간다. 그들에게 축복이 있기를. 인자무적(仁者無敵)의 생생한 실천 현장을 보는 듯하여 세월이 한참 지난 시점임에도 그 스토리에 마음이 뜨끈해진다.

03

위캠 수퍼마켓의 추억

성실은 신뢰를 낳고,

신뢰는 모든 관계의 기초가 된다.

- 스티븐 코비 -

앞에서 언급했던 행복의 조건 중 건강한 삶의 습관(운동, 금연, 균형 잡힌 식습관 등)이 있었는데, 이 조건 외에 한 가지 추가하고 싶은 게 있다. '일을 대하는 태도'다. 일이란 일하는 사람의 가치와 정체성을 표현하는 유일한 수단이란 것을 아는가? 우리는 다른 무엇으로도 자신의 정체성과 가치 전체를 표현하지 못한다. 단 하나, '일'만이 유일하다. 무슨 얘기냐 하면 그 사람이 어떤 사람인가를 알고 싶은가? 일을 대하는 자세를 확인하면 된다. 특히, 일의 크기에 상관없이 최선을 다하는 것에서 그 사람의 많은 부분을 알 수 있다. 작은 일을 소홀히 하는 사람이 과연 큰일인들 잘할까.

사람들과의 관계는 함께 밥 먹고, 대화하고, 술잔을 나누고, 선물을 주고받는 것으로도 맺어지지만 가장 튼튼한 끈은 역시 '일하는 자세'로 맺어진 끈이 아닌가 싶다.

이계우 대표의 유학 시절, 경제적 어려움으로 시작한 마트에서 일했던 모습을 보면, 그에게 일이란 어떤 의미이며, 그것이 관계에 어떤 영향을 미치는지를 깊이 이해할 수 있을 것이다.

청소 아르바이트

마침내 꿈에 그리던 미국 유학 생활[11]이 시작됐다. 공부 걱정보다 더 심각한 어려움에 직면했는데, 당장 쓸 수 있는 돈이 턱없이 모자랐다. 가진 것은 200불(弗), 일주일이면 바닥나는 액수다. 먹지도 못하고 굶어 죽을 것 같다. 돈 나올 데가 없는데 어떻게 하나? 이역만리(異域萬里) 타향에서 비빌 언덕이란 어디에도 없다. 어디서 나왔는지는 모르겠으나, 또다시 근거 없는 자신감이 발동했다.
"까짓거 돈 없으면, 벌면 되지 뭐!"

미국에서 유학생 신분으로 돈을 벌기 위해 일하는 것은 불법이다. 그러나 어쩌겠는가? 일자리를 찾으러 다녔다. 눈에 불을 켜고 다녔다. 마침내 위캠(Wickham) 수퍼마켓이라는 곳에서 청소 아르바이트 자리를 얻었다. 매장 내외를 청소하는 일이다. 월마트같이 대형마트는 아니지만, 계산대가 5~6개 있는 꽤 규모가 있는 마트이다. 거기서 1년간 열심히 일했다. 미국 생활에 필요한 것은 모두 아르바이트하면서 받은 돈으로 충당하였다.

---

11) 이계우 대표는 1996년~1997년까지 2년간 CNU(Christopher Newport University, Virginia) 경제학과에서 공부했다.

　　　　　　　　　　　　　　아홉 개의 성공 언어

마트에서 청소하는 일은 별로 어렵지 않았다. 며칠이나 지났을까, 주어진 구역을 열심히 청소하다 보니 마트 내 여기저기 돌아가는 상황이나 다른 사람들이 일하는 행태들이 눈에 들어오기 시작했다. 채소 코너는 항상 어질러져 있고, 진열대 물건이 빠지면 빨리 채워야 하는데 오래 비어 있는 경우가 종종 보였다. 같은 처지에 있는 다른 아르바이트 일꾼(미국인)들은 맡겨진 일만 하며, 대충 시간이나 때우는 것처럼 보였다. 도무지 성에 차지 않았다.

청소가 끝나면, 먼저 채소 코너로 서둘러 간다. 손님들이 좋은 물건 고르느라고 밑에 있는 것을 뒤집어 보는 과정에서 양배추 이파리가 떨어져 있고, 양파나 감자가 굴러다닌다. 항상 지저분해져 있다. 채소를 정리하고 버릴 것은 버리고 깔끔하게 해 놓는다. 30분 만에 가면 또 지저분해져 있는데 아무도 정리를 안 한다. 정리하는 사람은 오직 이계우 대표 혼자다. 다른 사람들이 설렁설렁 일하는 것을 보면 속이 터졌다. 같이 일하는 애들에게 지시하기도 한다. "야, 여기 좀 채워, 그리고 여기 좀 닦아 줘, 나 바쁘니까 니가 채소 코너 정리 좀 해 줘!"라는 등 마치 주인처럼 활동했다. 눈에 띄게 열심히 하면서 뛰어다니곤 했으나 그로 인해서 발생한 불상사는 없었다.

새로 정육 코너를 맡았다. 미국은 냉동고기가 없고, 전부 냉장고기이다. 3일이 지나면 빨간색이던 고기가 약간 거무스름하게 변했다. 그렇다고 상한 것은 아니다. 그러면 그 고기를 걷어내서 부엌에 들어가 색깔 변환 작업을 한다. 새 고기와 헌 고기(약간 색깔이 변한 것)를 섞어서 햄용으로 쓰는 기계에 넣고 짜면서 내리면, 색깔이 처음처럼 빨갛게 변한다. 소비자를 속이는 것은 아니다. 색깔이 변한 소고기는 고객들이 구매하지 않기 때문이다. 그대로 반나절을 넘기면 더 이상 팔기 어렵기 때문에 빨리 걷어서 빨간색 고기와 섞은 다음, 예쁘게 포장해서 재진열해야 한다. 그런 작업을 하면서 틈틈이 정리도 하니까 항상 정신없이 바쁘게 마트 안을 돌아다닐 수밖에 없었다.

진열대 선반에서 팔려 나가 비어 있는 물품들이 보이면, 창고에 가서 출고 기록하고, 빈자리에 쌓아 놓고 선반들을 채웠다. 지금은 바코드를 읽어서 POS로 계산하면 되지만, 그 당시에는 가격표(price tag)를 일일이 붙여야 했다.

언제부터인가, 미국의 실물 경제를 파악하려면 마트에서 파는 식료품 가격을 알아야겠다는 생각이 들었다. 경제학도다운 발상이다. 가격표를 붙이면서 상품 가격들을 외우기 시작했다. 옥수수 통조림 깡통 몇 그램짜리 얼마, 1킬로짜리는 얼마, 이렇게 하다 보니 그 많던 품목의 가격을 거의 전부 외울 수 있었다. 통조림 같은 가공식품에 비해 채소 같은 신선식품의 가격은 상대적으로 변동이 심했다. 신선식품 가격 변동과 미국의 실물 경제의 추이와 비교해 보기도 했다. 미국 식료품 가격을 파악한 것은, 지금까지도 무역업을 하는데 실질적으로 커다란 도움이 되고 있다. 세상 경험은 하나도 버릴 것이 없다는데, 정말이지 진리다.

마트에 항상 손님이 많은 것은 아니었다. 바쁘지 않을 때는 계산대를 1~2곳만 운영하지만, 손님이 몰리는 시간대에는 계산대를 다 열어 놓는다. 계산대에서 처리하는 시간이 늦어지면 대기 줄이 길어지면서, 혼잡해지고, 손님들의 컴플레인도 나올 수 있다.

계산대 직원은 손님이 가져온 물품을 일일이 집어 들고 가격표를 확인한 다음, 계산기에 입력하고 전체 금액을 손님에게 말해 주고 계산서를 발행하고 돈을 받고 액수가 맞는지 확인한다. 손님이 별로 많지 않을 때는 이 대표가 쇼핑 상품들을 직접 봉투에 넣어주기도 했다. 감각적으로 고객만족을 위한 일처리 방식을 실천하고 있었던 것이다. 그리고 이런 것이 바로 주인 된 마음으로 일하는 방식이라고 할 수 있다.

대기 줄(waiting line)이 길어지면, 이계우 대표가 계산대에 투입되기도 했다. 그는 이미 가격을 모두 알고 있었으니까, 물품을 하나씩 옆으로 옮기면서 가격을 계산기에 찍어 나간다. 가격표를 확인하는 절차가 생략되는 것이다. 손님이 가져온 아이템 개수가 많으면 많을수록 처리하는 시간은 상대적으로 더 짧아졌다. 계산하면서 동시에 다른 직원이 포장하도록 하니. 다른 계산대 직원보다 업무처리 속도가 2배는 빨랐다. 자연히 손님 대기 줄은 눈에 띄게 빨리 줄어든다.

청소하다가 채소 코너 정리하고, 가격표 붙여 가면서 빈 선반 채우며, 주변 직원들에게 할 일들을 지시하기도 하고, 정육 코너를 관리하면서, 계산대를 담당하기도 했다. 한 곳에서 정리해 놓고, 다른 곳으로 가 보면 물건이 비어 있어 또 채워 넣어야 했다. 아르바이트하는 6시간 동안 전혀 쉴 틈이 없었다.

누가 그렇게 하라고 시킨 사람은 없다. 주어진 시간에 남보다 더 열심히 일한다고 돈을 더 많이 받는 것도 아니었다. 그는 자신이 생각한 대로 실천하며 생활했던 것뿐이다.

생각해 보면 이계우 대표는 마트에서 아르바이트하면서 서바이벌 정신으로 살아 낸 듯하다. 실제로 그가 필요로 했던 것보다 더 많은 돈을 벌어, 돈 걱정하지 않고 살 수 있는 수준이 되었다. 그의 생존력이 놀라울 뿐이다.

재회(再會)

위캠(Wickham) 수퍼마켓에서 일했던 것이 벌써 30년이나 지났다. 아득하다. 2024년 9월경에 그때 그 마트 사장님이 서울 아쿠아픽 본사를 찾았다.

이계우 대표와는 나이가 열 살 이상 연배라, 그 당시 마트에서는 사장님이라고 했지만, 이제는 형님이라고 부른단다. 70세 정도의 할아버지가 된 형님과 반갑게 인사를 나누고는, 금세 이야기꽃을 피웠다. 이런저런 이야기 중에, 이계우 대표는 그동안 궁금해했던, 기억 저편에 있던 것들이 자연스레 떠올랐다. 수퍼마켓에서 약속한 아르바이트 기간이 다 끝나고 나올 때쯤의 일이다. 사장이 불러 세운다.

"케빈(이계우)! 우리 마트 인수해서 운영해 보지 않을래? 한번 생각해 봐."

"아직 공부가 안 끝났는데요."

"아니 미국에서 공부할 것 같으면, 한국에 돌아가지 말고 여기서 유학 생활 계속하면서 하면 되잖아?"

그 제안을 물리쳤다. 이 대표의 계획에는 없던 일이었기 때문이다. 수퍼

　　　　아홉 개의 성공 언어

마켓에서 일했던 목적은 당장의 생활비 마련을 위해 한 것이지, 직업 삼아 하려고 했던 것은 아니었으니까.

유학 생활을 결심한 것은 딱 하나, 김우중 회장으로부터 영감을 받아 무역 그리고 사업을 해야겠다는 그 목표를 이루고 싶었기 때문이었다. 그러니 다른 길을 쳐다볼 필요가 없었을 것이다.

이계우 대표가 30년 만에 물었다.

"형님. 그 당시에 저한테 마트 넘기려고 하셨을 때, 어떤 생각으로 어린 저한테 그러셨어요?"

"야. 너 우리 점포 천장에 CCTV 있는 거 알고 있었냐?"

"몰랐는데요!"

"매장 안에 CCTV가 수십 개 달려 있었지. 난 널 다 봤다. 내가 마트를 접으려던 참이었는데, 너는 진짜 주인처럼 일하더라. 너는 정말 다르더라고. 내가 보니 넌 정말 정신없이 일하던데! 넌 진짜 주인처럼 하길래, 너는 잘할 것 같았지. 앞으로 반드시 사업할 놈 같다고 느꼈고, 네가 공부하는 학생 신분이지만, 공부하면서도 할 수 있을 거라고 믿고, 그래서 너한테 주려고 그랬지."

마트에 있는 물건들은 모두 입점 제품들이다. 거기 있는 재고는 매입한 것이 아니고 벤더(vendor)들이 넣는 것이다. 그래서 팔려 나간 것만 정산하고, 나중에 결제하면 된다. 사후정산이니 당장에 돈 들어가는 것은 하나도 없었다.

"개빈(이계우)이 인수하면, 한 달 정산하고 나오는 수익 중 반을 나한테 주고 반은 자네가 먹는 구조였지."

사장은 마트를 빌려주는 형식이고, 이 대표는 그것을 잘 운영함으로써 상호 윈윈하는 방식이었다. 일종의 동업(위탁운영)을 제안한 것이었다.

그때 만약 이계우 대표가 인수했다면, 얼마나 가져갈 수 있었는지 갑자기 궁금해졌다.

"한 달에 이익(profit)이 얼마나 되었습니까?"

"그 당시에 10만 불은 넘었지, 비용 다 빼고도 10만 불은 넘으니까 자네가 5만 불 정도는 가져가는 거지. 그 당시 환율이 800원 정도였으니, 한 달 수입이 약 4천만 원 정도가 되는 셈이지."

그때의 제안을 감사한 마음으로 받았다면, 아마 지금쯤 월마트 버금가는 유통업체 대표가 되지 않았을까. 필자들의 상상이다.

나눔은 마음의 장벽을 넘는다

이계우 대표가 초등학교 4·5학년 때만 해도 한 반에 도시락을 챙길 형편이 안 되는 친구들이 한두 명씩 있었다.

어머니한테 반찬 좀 많이 해 달라고 했다. 표고버섯을 들기름 넣고 김치랑 볶으면 정말 맛있었다. 짠지나 단무지 같은 것을 반찬으로 먹기도 했지만, 대체로 반찬이 시원치 않은 친구들이 많았다. 잘 사는 집 친구들은 자기들끼리 책상 붙여서 도시락 반찬을 서로 나눠 먹는다. 유유상종이다. 도시락 없는 애들은 하는 수 없이 굶거나, 반찬이 시원찮은 애들은 저희끼리 구석에서 먹기도 했다. 그런 모습을 본 이 대표는 예전에 어머니가 남들에게 베푸시던 모습을 떠올린다.

  아홉 개의 성공 언어

"엄마, 찬합에다가 밥 좀 많이 싸 주고 반찬도 큰 통에다 넣어 주세요."

"왜, 뭣 땀시(무엇 때문에) 그러냐?"

"그냥, 애들이랑 나눠 먹게요."

어머니가 밥이며 반찬을 많이 싸 주셨으니, 굶고 있거나 반찬이 시원치 않은 친구들을 데려다 같이 먹었다. 아버지·어머니로부터 보고 배운 것을 자연스럽게 실천했을 뿐이었단다. 어쩌면 눈으로 직접 보고, 경험하며 터득한 것이 참지식이 아닐까 생각한다.

오늘날 이 대표의 성품은 어떻게 형성되었을까 궁금해진다. 그의 말에 따르면, 초·중·고등학교 때 공부 잘하는 친구, 싸움 잘하는 친구, 가난한 친구, 따돌림당하는 친구 가리지 않고 지냈던 데서 비롯된 것 같다고 회상한다.

"제 주변에 있는 애들이 다 친구였어요."

이런 성품은 분명 타고난 것이 반, 사회적 경험(부모님의 영향)에 의한 것이 반으로 형성된 것이 아닐까 싶다.

어떤 집단이든 구성원들의 성격은 천차만별이다. 그는 현재 한국산업단지경영자연합회(KIBA, Korea Industrial Business Association) 회장직을 겸직하고 있다. 사람이 모이는 곳이면 늘 그렇듯 KIBA의 구성원도 각양각색이다. 그렇지만 그에게는 장벽이 없다. 개의치 않고, 그냥 다 끌어안는 스타일이다. 사람은 원래 다양하다는 사실을 마음 깊이 자각하는 데서 나오는 내공이 아닐까.

이런 유의 가르침은 그의 자녀들에게까지 이어진다. 아이들이 유치

원·초등학교 다닐 때 들려줬다는 얘기를 들어 보자.

"너희들은 되도록 나쁜 친구를 사귀어야 한다. 애들 때리는 친구들 있지? 너희는 그런 애들의 친구가 되어 줘라. 그래야 걔가 변하고, 걔가 사는 것이란다.

왕따 당하는 애들 있지? 그리고 맞고 지내는 친구들도 있을 거야. 때리는 애가 아니라 맞는 애, 가난한 애, 그리고 공부 못하는 애 있지? 그런 아이들의 친구가 돼야 해. 그래야 그 애들이 학교생활을 잘하게 된단다."

솔직히 좀 특이하다는 생각이 드는 게 사실이다. 일반적으로 부모들은 자기 자녀들에게 정반대 성향의 아이들과 교류할 것을 강권하는데 말이다. 어쨌든 이계우 대표는 두 아들이 어렸을 때부터 그렇게 가르쳤단다. 그러면서 호주머니에 항상 5천 원~1만 원을 찔러 줬다.

"너 혼자 사 먹지 말고, 꼭 그런 애들한테 네가 빵 사 주고 뭐 필요한 것 있으면 좀 쓰거라. 그런 애들이 너희들 주변에 있거나 하면 그 애들을 꼭 먼저 챙겨 줘라."

세상은 원래 공부 잘하는 놈, 싸움 잘하는 놈, 부자인 놈들 주변에는 사람들이 많이 꼬이는 법이다. 그러니까, 잘난 놈들은 굳이 사람들을 모으려고 노력하지 않아도 된다. 이 대표가 자녀들에 대한 인성을 쌓는 데 얼마나 신경을 썼는지 짐작할 수 있는 대목이다. 학교 공부 성적에 대해선 크게 개의치 않았다.

"아마 공부는 아버지 닮아서 시원치 않을 거다. 그러니 공부를 잘하려고 애쓰지 않아도 된다."

아홉 개의 성공 언어

그랬더니 오히려 아이들이 더 열심히 하려고 하더란다. 이런 현상을 볼 때, 오늘날 부모들이 자녀를 교육함에 있어 어디에 우선순위를 두어야 할 것인지 깊이 헤아려 봐야 할 부분이 아닐까 싶다.

주는 자가 복되다

이계우 대표가 살았던 고향 청양의 시골 동네에서는 지금도 동네 어른들은 그의 아버지가 마을을 위해 헌신했던 얘기를 많이 한다. 워낙 작은 동네라 진입로가 시원치 않아 사람들이 산비탈로 다니곤 했다. 그런 상황이 안타까웠는지, 그의 부친은 손수 논을 매입해서 신작로에서 동네로 들어오는 진입로를 내었다. 필자들이 직접 동네를 방문했었는데, 제법 큰 도로가 형성되어 있었다. 그의 부친은 농부의 신분임에도 늘 앞서가고자 혁신적인 생각을 멈춘 적이 없었다. 그리고 자신보다 남을 귀하게 여겨 기부 행위도 많이 하였다. 지금도 시골 어른들은 그의 아버지가 젊은 나이에 세상과 이별한 것을 못내 아쉬워들 한단다.
"자네 아버지 대단하셨지. 너무 일찍 가서서 아까워. 52살에 가셨으니까 너무 안타깝지. 한창때 가셨어."
필자들이 아는 한, 좋은 관계를 이루는 가장 기본적인 요소들이 헌신·협력·친절·배려 등인데 그의 부친과 모친은 모두 그런 것들을 진정으로 실천한 시대의 표상이 아닌가 싶다.

그 부모에 그 자식이라던가, 이계우 대표도 사람을 대하는 데 마음속 장벽이 없는 사람이라는 인상은 받는다.

거래처, 사용자 고객, 그리고 이런저런 모임에서 많은 사람을 만나는데 그는 누가 잘나고 못나고를 판단하지 않는다. 그냥 똑같이 모두 소중한 다이아몬드, 화초라는 생각을 품는다. 특히, 계산적인 생각을 가지고 사람의 관계를 맺거나 대하는 법이 없다. 기업가로서 누군가와 어떤 관계를 맺은 후 자신에게 어떤 유익이 있을까 하는 비즈니스적 마음을 갖지 않는 건 사실 쉽지 않은 일이다. 그의 고백이 이채롭게 다가온다.

"사람을 돈이나 이해관계의 대상으로 보지 않습니다. 저 사람이랑 어떻게 만나서 내가 도움 좀 받아 볼까 이런 생각이 거의 없어요."

겉으로 보면 좀 부족한 듯 보이거나, 시원치 않게 사업하는 사람 같은데도 인격적으로 대하고 다가가 보면 전혀 다른 면모를 보게 된다. 그 사람만의 장점이 있고, 그 속에 보화가 숨어 있다. 이 대표는 혹시 '모든 사람은 그 스스로 생각하는 것보다 더 큰 자신이 존재한다'라는 누군가의 말을 이미 알고 있는 것은 아닐까.

"모든 이에게는 나름 훌륭한 구석이 있어요. 처음에는 잘 드러나지 않지만 조금씩 다가가서 서로 마음을 열어 소통해 보니까 그분들도 다 소중하고 훌륭하시더군요."

선입관이 신념으로 굳어지는 것을 경계해야 함을 일깨워 주는 메시지다.

작은 약속 지키기

요즘은 경영자가 무작정 나를 따르라고 해도 마음의 움직임이 없으면

　　　　　　　　　　　　　　아홉 개의 성공 언어

직원들이 쉽게 호응하지 않는 시대다. 물론 겉으로는 따르는 척하기도 하지만 공감대 형성이 안 되면, 속으로 '대표님 당신이나 열심히 하서' 하는 자세를 취한다. 경영자와 직원들의 생각이 근본적으로 다른 곳을 향하고 있다면 얼마나 일을 추진하기가 어려울까 싶다. 이래저래 낭비다. 리더들이 문제 해결을 위한 리더십 패러다임을 바꿔야 할 시대임이 분명하다. 그중 하나, '이것을 하라'에서 '어떻게 하면 할 수 있을까?'라는 방식으로 소통 스타일을 바꿔야 한다.

직원들이 '그래, 대표님이 함께하니까 아마 될 거야'라는 긍정의 에너지가 환기되어야 한다. 국가도 그렇고, 어떤 조직이든 Top에 대한 신뢰가 없으면 진심으로 따르지 않는다. 솔직히, 북한 김정은을 진심으로 따르는 사람이 있을까? 속으로는 실컷 욕하면서도 겉으로는 그냥 복종하는 모습을 보일 뿐이겠지. 살아야 하니까 앞에서만 굽실댈 뿐이지, 김정은이도 바보가 아닌 이상 그걸 모르지 않을 것이다. 그러나 그는 그가 살아 있는 한 그 통치 방식을 바꿀 마음이 없어 보인다.

아무리 작은 사업(일)을 하더라도 리더가, 함께 하는 직원(파트너)들로 하여금 긍정적인 태도를 갖기를 바란다면 작은 것에서 신뢰를 쌓아야 한다. 크고 작은 것에 상관없이 항상 직원들과 대화하고, 약속한 것은 반드시 이행하고자 하는 모습을 보일 때 그들은 리더의 진심을 읽는다. 돈 약속뿐만 아니라, 시간 약속도 그렇고, 공언했으면 지키려고 노력하라. 신뢰란 먼지처럼 하나씩 축적되어 만들어지는 산물이지, 어느 날 갑자기 큰 덩이로 나타나지 않는다. 오히려 갑자기 크게 보이려는 현상을 경계하라. 큰 성취는 작은 성취들이 모여 이루어지는 것임을 명심해야 할 일이다.

"재미있는 거 하나 말씀드릴게요. 저희가 지금까지 거래처와의 관계에서 대금 지급을 미룬 적이 거의 없었습니다. 돈 갚겠다는 약속을 해 놓고, '죄송한데요. 다음 달에 지급하면 안 되겠습니까?'라는 말은 우리 사전에 없습니다. 그 약속을 지키느라 빚을 많이 졌어요. 사채를 써서라도 해결하려고 했습니다."

제조업체는 제품 생산에 필요한 부품을 공급하는 업체들이 여럿 있게 마련이다. 나사 하나, 박스 하나, 비닐 봉지 하나라도 공급하는 파트너들에게 있어 아쿠아픽은 발주자, 즉 갑(甲)의 위치에 있는 셈이다. 그런데 아쿠아픽은 일반적인 수·발주업체 관계에서 이루어지는 거래 관행과는 반대로 간다.

발주업체에서 "납품 대금을 먼저 드릴까요? 전액 선불로, 아니면 먼저 절반을 드릴까요?"

세상천지에 이런 식으로 계약 조건을 먼저 제시하는 발주자(갑)를 본 적이 있는가? 선불 처리를 한다는데 그걸 마다할 수주업체(을, 공급업체)가 어디 있을까. 업계에 소문이 다 났다.

다른 기업들 같으면 납품한 뒤 그다음 달, 3개월 후…, 옛날에는 기본 3~6개월 어음…, 견디기 어려운 공급업체들은 어음을 할인하는 방식으로 유동성 문제를 해결하곤 했다. 그러니 '앞으로 남고, 뒤로 밑지는 장사'에 골병든다는 말이 빈말이 아니다. 낮은 마진(2~3%)에, 어음할인하고 나면 솔직히 뼈만 남는다는 말에 하나도 지나침이 없다. 놀랍게도 아쿠아픽은 지금까지 어음 거래를 해 본 적이 없다. 참으로 기적 같은 얘기다.

그러니 아쿠아픽 팀장들은 힘이 난다. 공급업체에 갔을 때 주눅이 들거나 미안해할 일이 없으니까. 반대일 경우는 천덕꾸러기 신세가 된다. 대놓고 말은 않지만, '쟤들 또 왔네'라는 인상을 주면서 비즈니스를 해야 한다면 얼마나 불필요한 에너지를 소모하는 것인가. 그 에너지를 다른 생산적인 일에 쓰도록 하는 것이 이계우 대표의 리더십이다.

목표

01

미래는 곧 현재다

어제는 역사이고, 내일은 미스터리다. 오늘은 선물이다.

그래서 우리는 그것을 'present'라고 부른다.

- 빌 킨 -

어떤 총각에게 세 가지 소원이 있었다.

첫째, 돈

둘째, 여자

셋째, 결혼

어느 날부터 총각은 세 가지를 갖게 해 달라고 하나님에게 기도를 드리기로 작정했다. 길게 얘기하면 복잡해서 하나님이 헷갈리실 것 같으니까 아주 간략하게 아뢰었다.

"돈여자결혼 돈여자결혼 돈여자결혼⋯."

그 소원이 얼마나 간절했던지, 총각의 모습에 하나님이 감동하셔서 세 가지 소원을 다 들어주시기로 했다. 그를 (머리가) 돈 여자와 결혼시켜 주셨다.

손에 잡힐 듯 생생하고 구체화하라

우습고, 엉뚱한 얘기 같지만 아주 터무니없는 얘기도 아니다. 막연한 소원은 애매한 결과를 낳을 수 있다는 예화다. 사람이 사는 현실은 매우 구체적이고, 경험적인데 우리가 원하는 것은 너무 추상적이 아닌지 생각해 볼 필요가 있다.

그렇다면 총각의 기도는 어떠해야 할까?

"신이시여, 저에게는 1억 원의 돈이 필요합니다. 제가 결혼하고 싶은 여자는 30세의 초등학교 교사입니다. 그런 여자와 결혼해서 자녀 둘과 함께 행복한 인생을 살고 싶습니다. 제가 그런 삶을 사는 데는 이러저러한 역량이 부족합니다. 그 부족한 부분을 채워 갈 수 있도록 하나님께서 지혜를 주십시오. 무엇을 어떻게 해야 할지 방법을 찾을 수 있도록 인도해 주십시오."

뭐, 이 정도는 되어야 그래도 구체적이라고 할 수 있지 않을까 싶은데, 일반적으로 사람들이 세우는 목표는 두루뭉술이요, 추상적이다. 제대로 된 목표를 세워 본 적이 없다는 증거다.

자신이 원하는 것을 말이나 글로 적어 보라고 하면 대다수 사람은 '건강한 삶, 사업번창, 먹고 살기에 충분한 돈' 등과 같이 늘 과정이 생략된 채 결실만을 바라는 표현에 머문다. 매년 1월 1일이 되면 많은 사람이 동해안 정동진으로 가느라, 도로는 늘 초만원이다. 힘들게 도착해서 떠오르는 태양을 보면서도 역시 두루뭉술한 형식으로 소원을 빌고, 만세 한번 외치고 또다시 막힌 길을 투덜대면서 귀가한다. 차라리 그 시간에 동네의 조용한 카페에서 차분하게 금년도 목표와 계획을 세우는 게 백번 나을 것 같다.

비전과 목표는 그것을 설계하는 과정도 즐거우나 그것이 성취되는 순간을 맞이할 때 더욱 기쁨과 흥분이 있다. 경험해 본 사람만이 아는 비밀이다. 그래서 성공도 습관이 된다.

  비전을 세우는 것이 중요한 건 알겠는데, 그렇다면 어떻게 설계하는 것이 좋을까. 이왕이면 좀 더 세련된 방법으로 설계하는 것이 좋겠다. 독자에게 추천하고 싶은 모델이 있다. 현재 펜실베니아대학교 심리학과 교수 앤젤라 더크워스(Angela Duckworth)가 써서 세간의 주목을 받은 적이 있는 GRIT: The Power of Passion and Perseverance(2018)에 소개된 내용을 필자들이 이해한 수준에서 전달하고자 한다.

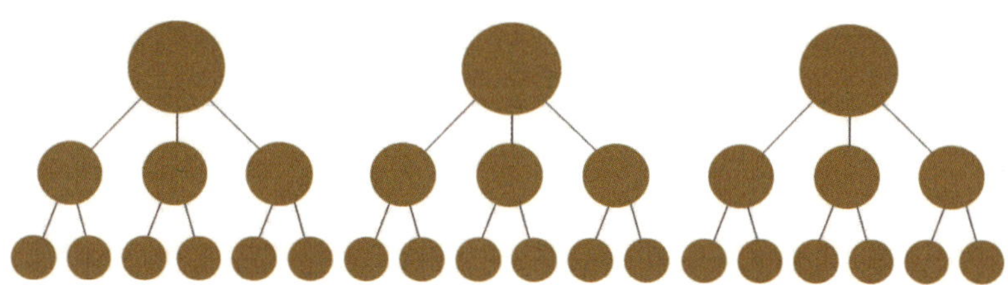

  위의 그림을 보라. 마치 피라미드가 연상되지 않는가? 그렇다. 비전과 목표를 설계하는 방법도 마치 피라미드 구조를 많이 닮았다. 이 구조는 너무나 간단해서 누구든지 적용하는 데 큰 문제가 없을 것이다.
맨 위에 있는 큰 원은 상위목표, 두 번째는 중간목표, 아래에 있는 작은

                                              아홉 개의 성공 언어

원들은 하위목표다. 여기에서 상위목표를 일반적으로 비전이라고 하고, 중간목표는 징검다리 목표, 하위목표는 실행목표라고 할 수 있겠다.

　앞에서 언급했던 총각의 상황을 이 형식에 따라 설명해 보자.
이 경우, 상위목표는 '행복한 가정 만들기'가 될 것이다. 그러기 위해서는 돈도 필요할 것이고, 자신의 배우자가 되기에 이상적인 여자, 그리고 자신이 매력적인 사람으로 변화하는 바가 있어야 할 것이다. 이런 것들이 바로 중간목표다. 비전을 이루는 데 반드시 필요한 항목들인데, 총각에게는 아직 준비된 것이 별로 없는 상태다.

　이제 총각에게는 원하는 금액의 돈을 벌 수 있는 수단과 원하는 여자를 만날 수 있는 세부적인 실행 방법들이 있어야 한다. 그런 것들은 실제로 스스로 머리를 쓰거나 행동해야 얻을 수 있는 것들이다. 이것은 실행과 직결된다는 의미에서 실행목표라고도 하고, 하위목표라고도 한다. 하위목표에 빠져서는 안 될 내용이 있다. 일정 계획과 구체적인 실천 방법이다. 활동이 없이 비전을 이루겠다는 것은 목적 없이 허공을 향하여 팔을 휘두르는 것과 같은, 쓸모없는 노력에 불과하다는 것이다.
예를 들어, 돈을 모으기 위해서는 수입 중 일부에 대해 (주택청약)적금을 들거나, 우량주식에 조금씩 장기투자를 하는 활동들이 필요하다. 추가 아르바이트도 그중 하나가 될 것이고, 추가 수입을 위해 자격증 공부를 할 수도 있다. 그리고 원하는 여자를 만나기 위해서는 자신의 취향에 맞는 동호회에 가입한다든지, 자신을 노출할 수 있는 모임에 참여해야 할 뿐만 아니라, 자신이 먼저 매력적인 사람이 되려는 노력이 있어야 한다.

이런 내용들을 그려 보면 아래의 모양이 된다.

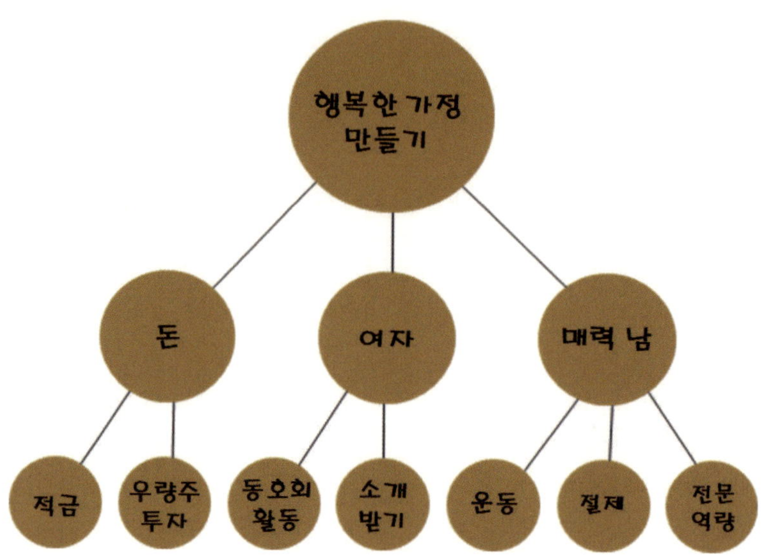

목표를 이렇게 그려 보면 자신이 어디에 집중해야 하는지 알 수 있어, 허공을 치는 삶에서 탈피할 수 있다는 뜻이다. 그런데 이 과정에서 반드시 건너야 할 강이 있다. 인내와 절제!

미래는 곧 현재다

Future is Now. 미래는 곧 현재다. 20세기 경영학계의 구루(guru, 스승 또는 지도자)인 P.Drucker의 메시지다. 이 메시지를 묵상해 보라. 노총각이 정한 '행복한 가정 만들기'는 미래(Future)요, 적금 계좌를 개설하고 운

 아홉 개의 성공 언어

동화를 신고 운동장으로 가는 활동은 현재(Now)다. 무슨 얘기냐면, 미래는 곧 지금 하고 있는 행동에 따라 결정된다는 뜻이다.

이는 당신의 일상 관리(routine management)에 집중하는 것이 곧 원하는 목표에 도달할 수 있는 비결임을 입증해 주는 것이다. 그러니 24시간을 무엇으로 채워야 할 것인지는 스스로 판단하라.

명심해야 할 것이 있다. 상위목표는 멋있고, 화려하게 보인다. 환상적이며, 꿈과 같다. 그러나 꿈이 꿈으로 끝나지 않으려면 하위목표에 집중해야 하는 것을 명심해야 한다. 실제로 하위목표는 초라하고, 고달프다. 피하고 싶다. 그러나 인내와 절제의 과정을 거치면서 중간목표가 이루어지는 것을 확인하고는 성취감에 몸 둘 바를 모르게 행복해질 것이다.

좀 더 실감이 나도록, 이 원리를 달리기 경기에 비유해 보자. 마라톤 풀 코스는 42.195km다. 그 긴 거리를 완주한다는 것은 결단코 녹록한 일이 아니다. 여기에서 골인 지점은 상위목표가 되는데, 완주할 수 있는 방법은 딱 한 가지다. 내 앞에 계속 도래하는 1m, 2m, 3m를 잘 뛰어 내는 것이다. 당신은 지금 무엇을 하고 있는가? 지금 하는 생각과 활동은 과연 미래목표와 연결된 것인가?

당신이 꿈꾸는 미래, 그건 곧 현재(지금)다. 지금(Now)을 붙들라. Future is Now!

성공방정식 3.5

성공하는 사람들은 변명보다 해답을 찾는다.

- H. 잭슨 브라운 주니어 -

우리가 어떤 일을 어떻게 해야 하는지, 어떤 결과를 이루고자 하는지 구체적으로 결정하는 것은 개인이나 조직에는 매우 중요한 과정이다.

비전과 목표는 우리가 어떤 방향으로 나가야 할지를 명확히 안내해 주는 수단이다. 목표가 없으면 우리의 노력은 분산되고, 자원의 집중도가 떨어져 비효율적인 결과를 가져온다. 그러므로 시간·노력·에너지 등과 같은 자원의 낭비를 줄이고 원하는 것을 얻고 싶다면 반드시 합리적인 목표를 설계할 일이다. 더 나아가, 목표는 우리가 어떤 행동을 취하도록 동기를 강화하는 데에도 큰 역할을 한다. 목표가 있음으로써 그것을 이루기 위해 노력하게 되고, 지나온 자취를 평가하는 기준이 생긴다. 오늘날 목표를 갖는 것에 큰 가치나 의미를 두지 않는 개인, 혹은 집단들이 많다는 것은 안타까운 일이다.

성공방정식 3.5 패러다임

이계우 대표에게는 나름대로 개발·적용하고 있는 성공법칙이 있는데, 이른바 성공방정식 3.5다. 그 내용이 자못 흥미롭다.

그의 강의 주제는 20가지 정도 되는데, 그중에 하나가 '성공방정식 3.5'라는 다소 낯선 주제가 있다. 그 프로세스를 자신의 아이들한테 적용했고, 자신이 공부할 때도 그걸 적용해 봤는데 효과가 충분히 입증되었기에, 여러 사람에게 소개하는 것을 큰 보람으로 여긴단다. 이 원리는 젊을수록 더 효과가 크다고 강조한다. 단계별로 살펴보도록 하자.

1단계: 큰 꿈(비전)을 품어라. (Think Big)

꿈(비전)에 한계란 없다. 자신이 생각하기에 가장 거창한 꿈을 꾸어 보라. "당신의 꿈은 무엇인가요?"라는 질문에, 대부분 사람은 직업을 얘기한다.

그렇지만 직업과 꿈(비전)은 전혀 다른 차원의 주제다. 소위 근본이 다른 갈래이다. 직업은 정적(靜的)이지만, 꿈(비전)은 동적(動的)인 개념이다. 예를 들어, "나는 피아니스트가 된다"와 "나는 피아노 연주회를 갖는다"는 전혀 다른 차원의 접근이다. 전자는 역할과 기능에 머무르지만, 후자는 미래의 방향성을 의미하며, 열정을 환기하는 힘을 갖는다.

꿈(비전)을 이루기 위해서 직업(피아니스트)이 필요할 수도 있다. 예컨대 의사, 판사, 사업가, 정치가 등은 하나의 직업일 뿐이고, 그것을 꿈(비전)과 연계하거나 업그레이드 하려면 그 직업을 통해서 어떤 가치를 이룰 것인가 하는 문제에 대해 답할 수 있어야 한다. 앞에서 언급한 상위목표와 동급이라고 할 수 있겠다. 그러면 직업은 자연히 중간목표쯤 되겠다. 여기에서는 편의상 꿈(비전)을 장기적인 목표와 동일한 의미로 간주하여 내용을 전개하려고 한다.

2단계: 선포하라. (Proclaim)

목표를 주위에 알리는 것은 왠지 좀 쑥스럽다는 사람들이 있다. 그런데 생각해 보라. 회사든 개인이든 누군가에게 알려야 무엇을 추구하는지 알 것 아닌가. 특별히 개인의 경우 선포하기를 주저하는 이유가 있다. 달성하지 못하면 실없는 사람으로 볼 것이라는 염려 때문이다. 그런 염려는 거두어도 좋다. 사람들은 결코 당신이 선포한 것을 기억해 줄 만큼 한가하지 않다.

그러니 마음 놓고 선포하시라. 말로든, SNS를 통해서든 수단에 상관없이 마구마구 선언하는 거다. 이런 과정은 결국 자신에게 하나의 약속으로 작용하고, 굳건하게 결단을 다지게 하며, 중간에 나태해지려는 마음을 잡아 주는 역할을 하기도 한다. 그러니 주저 말고 선포하되, 그것도 자주 할수록 좋다.
"나는 피아노 연주회를 가질 거야!"

3단계: 글로 표현하라. (Write)

이번에는 선포한 것을 좀 더 선명한 언어로 표현해 보는 것이다. 예를 들어, "예술의 전당에서…", 또는 "뉴욕 카네기홀에서…" 등으로 써 보는 거

                    아홉 개의 성공 언어

다. 재미사업가이며,『돈의 속성』의 저자로 유명한 김승호 씨는 하루에 100번을 쓰라고 권장한다. 그만큼 기록의 힘은 강력하다.

"나는 예술의 전당에서 피아노 연주회를 갖는다(1). 나는 예술의 전당에서 피아노 연주회를 갖는다(2)… 나는 예술의 전당에서 피아노 연주회를 갖는다(100)."

논리적으로 따지는 것은 나중으로 미루고, 무조건 기록해 보라.

3.5단계: 구체적인 숫자로 기록하라. (Write in specific numbers)

이 단계가 가장 중요한 부분이다. 이번에는 한 단계 더 나아가서 반드시 구체적인 숫자로 표현해야 한다. 언제, 누가, 어디서, 얼마나, 무엇을, 어떻게 등에 대해 모두 써 보라.

3.5단계는 3단계(Write)와 4단계(Act) 사이에 만든 징검다리 같은 것이다. 이계우 대표만이 가진 독특한 방식이다. 필자들은 이것을 디테일의 힘이라고 정의한다.

"1년 내(202X년 10월 24일(토) 오전 11:30~13:00(1.5시간)까지 아쿠아픽 20층 홀에서 20명 이상의 청중을 초청하여, 오찬을 하면서 피아노 연주회를 갖는다."

어떤가? 1년 후의 모습이 오늘인 듯 선명하지 않은가? 이게 바로 3.5단계의 마법이다. 3.5단계는 일종의 도움닫기가 아닌가 싶다. 멀리뛰기 혹은 높이뛰기 선수들은 도움닫기를 통하여 속도와 에너지를 얻는 것처럼, 3.5단계를 통하여 더 큰 목표를 향하여 질주할 수 있는 발판을 마련하는 것이다.

첫 번째 연주회가 끝나면 다시 1단계(Think Big)로 다시 돌아가서 똑같은 과정을 거친다. 그러면서 더 큰 목표, 또 더 큰 목표를 향하여 한 단계 한 단계 올라가는 것이다.

처음에는 202X년 10월 24일(토)에는 20명이었지만, 다음에는 200명, 그 다음에는 예술의 전당에서 500명, 또 그다음에는 뉴욕 카네기홀에서 1,000명을 대상으로…, 이렇게 크기와 범위를 확대해 가는 것이다.

독자 여러분, 이 시간 이후 작은 목표라도 세워, 이런 방식으로 실천해 보자. 밑져야 본전이라는 심정으로 한번 시도해 보면 어떨까 싶다.

사람들은 훌륭한 목표를 세워 놓고 실행에 많은 어려움을 겪는다. 이 단계에서 사람들이 습관적으로 하는 행동이 있다. 있지도 않은 핑곗거리를 만들어 내는 일이다. 일종의 도피처를 꾸미는 행위라고 할 수 있다. 그래야 마음에 위안이 되니까.

"그래, 이 일 때문에 바쁘잖아! 내가 뭐 놀면서 안 하나?"

이런 사람에게는 그 일이 끝나도 틀림없이 또 다른 일거리가 주어진다. 아니, 억지로 만든다는 게 정확한 표현이다.

이처럼 그러저러한 변명과 구실을 제거해 주는 역할을 하는 것이 바로 3.5단계의 마력이다.

4단계: 행동하라. (Act)

3.5단계를 거치면서 자연스럽게 행동하게 되니, 어쩌면 4단계는 불필요한 단계라고 해도 과언이 아니다. 명목상 하나의 단계로 설정하긴 하지

아홉 개의 성공 언어

만 실제로는 유명무실한 과정이라고 생각해도 될 듯하다.

이상의 내용을 표로 요약 정리했으니, 독자들께서 많이 활용해 보면 좋겠다. 어쩌면 이 작은 표 하나가 여러분 인생에 전환점이 되는 도구가 될지도 모르겠다.

성공방정식 3.5 패러다임

단계	항목	내용
1	큰 꿈(비전, 목표)을 품어라 (Think Big)	"피아노 연주회를 갖는다."
2	꿈(비전, 목표)을 선포하라 (Proclaim)	구전과 SNS를 통하여 꿈(비전, 목표)을 동료, 친구, 가족 등에게 알린다.
3	글로 표현하라 (Write)	"나는 예술의 전당에서 피아노 연주회를 갖는다."
3.5	**구체적인 숫자로 기록하라** **(Write in specific numbers)**	**"1년 내(202X년 10월 24일(토) 오전 11:30~13:00까지) 아쿠아픽 20층 홀에서 20명 이상의 청중을 초청하여, 오찬을 하면서 피아노 연주회를 갖는다."**
4	행동하라 (Act)	3.5단계에서 자연스럽게 이루어졌으므로 실제로는 불필요한 단계이다.

성공방정식 3.5에 대한 설명을 마치면서, 이계우 대표가 한마디 거든다. "성공한 거의 모든 사람은 시간 개념이 매우 투철합니다. 그리고 매우 구체적이라는 것 잊지 마세요."

되고 법칙

　동서고금을 통하여 리더의 메시지는 대단한 힘을 갖는다. 그것을 알기에 이계우 대표 역시 직원들과의 소통을 위하여 여러 가지 주제로 메시지를 구성하고, 전달한다. 거기에는 비전과 목표에 관한 것들은 물론, 사람이 살아가면서 필요한 마음과 행동 자세, 소통하는 방법, 일하는 방법 등 다양하게 실려 있다.[12] 특별히, 그가 만드는 콘텐츠는 중심에 '긍정'이 있다. 대부분 오랜 경험과 고민을 거치면서 수집되거나 응축된 것이라, 그 값어치가 사뭇 크다고 할 수 있겠다. 무슨 일을 추진하든 시작에서부터 부정적이면 좋은 결과로 이어지기 어렵다는 믿음 때문일 것이다. 인터뷰 중에 그가 직원들에게 전했다는 메시지 한 대목을 소개해 본다.[13]

돈이 없으면 벌면 되고

잘못이 있으면 잘못은 고치면 되고

안 되는 것은 되게 하면 되고

모르면 배우면 되고

부족하면 메우면 되고

힘이 부족하면 힘을 기르면 되고

잘 안 되면 될 때까지 하면 되고

길이 안 보이면 길을 찾을 때까지 찾으면 되고,

---

12)　현재까지 약 370여 개의 메시지를 전달한 것으로 집계되고 있다. 목록(이계우 대표의 강의 목록)에 실려 있다.

13)　이천성의 『새로운 세기의 시작(제2권)』에 나오는 글을 인용한 것임.

한 문장 한 문장 버릴 게 없다. 정말 이렇게 하면 못 할 일, 안 될 일이 없을 듯하다. 외워 두고 새기면 좋겠다는 생각이 든다. 그리고 진심을 담아 직원들을 격려하는 한마디를 곁들인다.

"아쿠아픽 가족 여러분. 아침저녁 일교차가 큽니다. 옷 따뜻하게 입으시고, 내일은 최고의 가을 날씨가 예상되는 주말입니다. 가족과 함께 행복한 나들이 계획을 세워 보세요. 항상 감사합니다."

상투적이고, 뻔한(?) 얘기 같은데 이런 언어들이 하나의 문화가 되면서 조직 분위기가 조금씩 바뀌어 간다면 자주 할수록 좋은 것이 아닐까. 사실, 뻔한 것에 진심을 담아 반복하기란 여간 어려운 일이 아니다.

대화 도중에 이계우 대표가 던지는 메시지는 마치 어록처럼 사람들의 가슴에 닿는 매력이 있다. 듣다 보면 이야기 속으로 빠져든다. 아마도 진솔하고, 최선을 다한 삶의 궤적에서 흡수된 내공의 영향일 것이다.

일반적으로 스스로에 대한 약속은 무너지기 쉽지만, 그에게는 오히려 그게 하나의 엄중한 목표가 되어 그의 인격을 형성하는 데 크게 기여했음을 짐작할 수 있는 일화가 있다.

　이계우 대표가 썼다는 일기의 내용에 고등학교 졸업 때까지 '담배를 피우지 않겠다'고 다짐한 내용이 있었다. 그가 보니 1학년 때는 학생 중 약 10%, 2학년 때는 50%, 3학년은 80~90% 정도가 담배를 피우는 것 같았다. 실제로 고3 때는 그를 제외한 모든 학생이 흡연하고 있었다.
"그 당시에 그런 일기를 쓰면서 생각한 바가 있어요. 하지 않겠다고 결심한 것을 스스로 지키지 못한다면 앞으로 어른이 됐을 때도 말만 하고 생각만 하고 실행하지는 못할 것이다. 자신을 스스로 컨트롤 하지 못하고 변화시키지 못하면서, 어떻게 사회를 변화시킬 수 있겠는가. 그런 사람이 어떻게 리더가 될 수 있겠는가라는 생각이 들었어요."

　사람마다 자기 내면을 다져 주는 자원은 다를 것이다. 누구는 사람을 통하여, 누구는 여행을 통하여, 누구는 우연한 사건과 경험을 통하여···. 이계우 대표를 오늘에 이르기까지 지탱케 한 내공은 어디에서 비롯되었을까, 필자들이 생각해 보니 그건 바로 탄탄한 독서의 힘이었다. 입시 준비에 여념이 없을 고등학교 시기에 그는 책 읽기에 몰입했다. 목마른 사람이 물을 찾듯, 새로운 앎에 대한 갈증은 그를 책으로 향하게 하였다. 지금은 인터넷 뒤져 보고 다 찾을 수 있지만, 그때는 모르는 것이 있으면 학교 도서관이나 서점으로 달려갔다.
당시에 그의 학교에서는 동아리 활동을 공식적으로 허용했다고 한다. 불법 서클이 아니라면 학생들끼리 모여서 공부하든지, 책 읽기를 하든지 제지하지 않는 분위기였다. 그중에서도 그는 독서 모임에 가입하여 활동했

　　　　　　　　　　　　　　　　아홉 개의 성공 언어

다. 주제 발표도 하고, 독서 토론하고, 시를 쓰고 하면서 자연스럽게 책을 좋아하게 된다. 학교 공부를 열심히 해서 명문대를 가고, 좋은 직장에 다니고 싶다는 생각보다는 사회의 리더를 꿈꿨고 그러기 위해서는 독서를 통하여 많은 것을 아는 것이 중요하다는 생각이 그를 지배하고 있었다. 그러고 보니, 서울의 대형서점 건물 벽에 달려 있는 커다란 현수막 문구가 떠오른다. '사람은 책을 만들고, 책은 사람을 만든다.'

비전과 목표 공유의 공간

아쿠아픽 메인 사무실 반대편에는 크게 세 가지 기능을 위한 공간으로 구성되어 있다.
첫째, 도서실
둘째, 고객상담실
셋째, 강의장
겉으로 보기엔 평범한 곳 같지만, CEO의 경영철학이 묻어 있음을 엿볼 수 있다.

필자들이 보기에 한 가지 특이한 부분이 있었다. 진열된 화분마다 관리하는 직원이 각기 다르다. 개인별 화초가 정해져 있어 각자 자기 화초를 쓰다듬고, 물 주고, 잎사귀를 닦고, 관리한다. 가까이 다가가 살펴보면 화초관리인(직원)의 비전과 목표를 기록한 표찰을 만나게 된다. 이는 '비전과 목표는 여러 사람 앞에 선포하는 것이 좋다'는 원칙과 일치하는 대목이다. 직원들이 자신의 비전과 목표들을 쓰거나 공개하는 게 쉽지는 않았을 것이다. 그러나 이제는 직원뿐만 아니라, 그곳 강의장을 사용하는 외부인에게도 흔쾌히 공개할 수 있을 만큼 마음이 열려 있게 되었다.

화분마다 담당 직원의 이름이 있고, 뒷면에는 각자의
비전과 계획이 적혀 있는 것이 이색적이다.

이런 모습은 다른 조직에서는 보기 어려운, 매우 특이한 사례로써 벤치마킹하면 좋을 것이다. 직원들에 대한 CEO의 각별한 애정이 없으면 실행하기 어려운 이벤트라고 생각한다.

아홉 개의 성공 언어

03

일단은 하나에서 성공하라

두 마리 토끼를 쫓는 자는 한 마리도 잡지 못한다.

- 러시아 속담 -

정글 같은 비즈니스 세계에서 생존하고, 성공하는 데 공통적인 비결은 과연 존재하는 것일까? 모두가 나름대로 최선을 다하여 살고자 몸부림치는 현장에서 최후의 승자는 어떻게 결정되는 것일까? 그것은 아마도 자신만이 내세울 수 있는 '한 끗'의 차이에 의한 것이 아닐까 싶다. 도대체 그 '한 끗'이 이계우 대표에게 어떻게 작동한 것인지 궁금해진다. 남들 눈에는 보이지 않는 차이를 찾아가 보자.

한 우물을 파라

"가장 힘들었던 시기, 끝이 보이지 않았던 캄캄한 터널 안에 있었을 때를 생각하니 참 가슴이 먹먹하네요."

아쿠아픽은 2001년도 말에 창업해서 2005년도 10월쯤인가 강남구 삼성동에서 가산동으로 본거지를 옮겼다. 만 4년 동안 무려 10번 이상 이사를 해야 했다. 그때 그 심정을 누가 헤아릴 수 있었을까 싶다.

"그때는 정말 하루하루가 정말 빚에 짓눌려 죽을 것같이 힘들었어요."

30대 초반, 기업에 다니는 또래의 한국 남성들이 평화롭게 지낼 나이에 갚아야 할 돈이 40억 원 정도였다니! 상상하기 힘든 상황 앞에서 그는 외줄타기 곡예사처럼 아슬아슬하게 사선(死線)을 넘듯 해야 했다. 그의 표현에 따르면, 마치 달리기 선수가 발목에 무거운 모래주머니를 차고 경주하는 것과 같은 느낌이었단다. 피로는 계속 쌓이고, 속도는 더디고…, 열심히 뛰는데 제자리걸음을 하고 있는 느낌이 바로 그런 상황이 아닐까. 금방 쓰러질 듯 절뚝절뚝, 비틀대며 가는 자신의 모습이 참으로 안쓰럽고, 어쩌면 바보 같고, 형편없이 보였던 시간을 견뎌야 했다. 모든 게 돈이 없어서 벌어진 일이다. 돈!

지금의 아쿠아픽은 오랄케어 분야 제품만 해도 수십 가지지만 그 당시에는 구강 세정기 하나였다. 이 제품으로 아쿠아픽 브랜드가 뿌리를 내리기 전까지는 확장하지 말자는 것이 이계우 대표의 고집이자, 철학이었다. 오로지 구강 세정기 한 아이템에 올인하는 집중화 전략(focusing strategy)을 택한 것이다.

이른바, 10년 법칙이란 게 있다. 한 우물을 10년간 파면 뭐가 이루어져도 이루어진다는 이론이다. 그런데 그게 어디 쉬운 일인가. 그 과정이 너무나 험난한데 말이다.

이계우 대표는 기어이 10년을 견뎠다. 아니, 젖 먹던 힘까지 다 쏟으며 버텼다는 표현으로도 부족하지만 달리 표현할 수 있는 말이 없으니 그 정도로 해 두기로 하자.

    아홉 개의 성공 언어

"우리는 정말 10년, 그 10년에 매달렸지 뭡니까. 지나고 보니까 실제로 딱 10년을 팠더라고요. 오직 하나에 매달려서…"

비전이란, 보이지 않는 것을 보는 기술이라고 하지만, 수익은 고사하고 계속 빚만 누적되는 상황은 믿음을 버리기에 딱 좋은 변명거리가 된다. 10년의 터널을 지나면서 시장은 반응하기 시작했다. "써 본 사람들이 좋다고 평하니까 힘이 납니다."

오금이 저린다는 제5금융권

돈이 급한 사람들이 마지막에 매달리는 곳을 일컬어 제5금융권이라고 한다. 모질고, 냉혹한 세계다.

마케팅에는 돈이 필요하다. 판로를 개척하고, 광고하고, 홈쇼핑도 해야 하고, 영업 직원들도 더 늘려야 하고…,

이계우 대표의 마음은 저만치 앞서서 가는데 자금이 없으니 주저주저하게 되고 계획을 실행하는 데 제약을 받고, 그러다 보면 기회를 놓치는 게 훤히 보이는 모습들이다. 윗돌 빼다가 아랫돌 메우거나 아랫돌 빼다가 윗돌 메워야 하고, 그렇다고 접을 수는 없는 상황에서 기웃거리는 곳이 있다면 그곳이 어디일까?

이른바, 제5금융권(사채시장)이다. 생존을 위해 몸부림칠 수 있는 막다른 지점이다.

제1 금융권이 안 되니까 2금융권으로, 2금융권에서 3금융권. 그다음은 4 금융권, 마지막으로 오금이 저린다는 5금융권(사채)까지 가게 된다. 절대로 들어서지 말아야 할 곳인데, 더 갈 곳이 없을 때 선택할 수 있는 막다른 곳이다.

"사채를 딱 한 번 써 봤어요. 1억을 빌리는데 한 달에 이자가 천만입니다. 이자가 1부라고 하기에 연 10%인 줄 알았어요. 그게 아니고, 월 10%입니다."

2004~2005년 당시 은행 대출이자가 연 10%였으니, 월 10%가 얼마나 살인적인 금리인지 짐작할 만하다. 그것도 10%씩 선이자를 떼어 간다니! 1억 빌리는데 천만 원을 먼저 뗀다고 하기에 당장 1억 원이 필요한 그는 1억 1천만 원 쓰는 걸로 해서 빌린 경험이 있다. 지금은 재미있는 추억처럼 얘기하지만 그때 이 대표의 심정은 어땠을까. 대다수의 평범한 소시민들에게는 상상 초월의 세계다.

"그때의 경리 직원이 지금도 있는데, 우리 회사 재무 이사로 재직 중입니다. 참 꿈같은 얘기지요."

아쿠아픽은 브랜드가 정착하기까지, 창업 후 8~9년 정도는 거의 빚내고 빚 갚고 하는 세월 그 자체였다. 10년을 채우기까지는 제대로 돈을 만져 본 적이 없었다. 계속되는 마이너스 신세를 면치 못했다. 콧구멍까지 물이 찰랑찰랑하는 죽느냐 사느냐의 고비를 수도 없이 넘겨야 했던 시절이었다. 이제 좀 살겠구나 했는데 그게 10년을 지나면서부터다.

"이제 죽지는 않게 되었습니다."

자체 제작에 성공하고, 수출을 확대하고 매출이 늘어나면서 회사는 점차 안정되어 갔다. 오로지 한 우물을 판 결과였다고 이계우 대표는 회상

   아홉 개의 성공 언어

한다. 중국 시장을 겨냥하여 아쿠아픽이 100% 투자하여 지사를 설립하기도 했다. 현재 이 대표를 중심으로 직원들이 일하고 있고, 중국 시장에 대한 세일즈는 지사 밑에 대리점이 맡도록 하고 있다. 아쿠아픽은 현재 중국을 제외한 50여 개 국가에 독점 에이전트를 거느리고 있고, 앞으로 계속해서 성장할 것으로 기대한다.

아쿠아픽 매출 중에서 직접 제조·판매하는 것은 전체 매출의 35%밖에 되지 않는다. 나머지는 국내외에서 생산된 오랄케어 제품에 아쿠아픽 브랜드를 붙여서 팔고 있다. 브랜드 파워가 생겼다는 징표다. 누구든 좋은 제품을 제안하면 검토를 거쳐서 품질관리를 철저히 하고, 브랜드 관리를 함으로써 고객들에게 지속적으로 좋은 제품을 공급한다는 것이 아쿠아픽의 전략이다.

취급하는 아이템 전부를 직접 만들려고 하면, 회사가 감당하기 어렵다. 그리고 모든 제품을 자체로 연구개발(R&D)해서 제품화하려면 시간이 너무 많이 걸린다. 시간이 돈인 시대에 맞지 않은 전략이다. 회사는 R&D로부터 자유로워야 한다는 것이 이 대표의 지론이다. 결론적으로 말하면, "먼저 하나의 제품·브랜드에 성공하는 것이 도약의 관건입니다."

휴내쏜으로 QR 코드를 촬영하면 이계우 대표의 세바시 강연
'상상을 현실로 만드는 비밀의 숫자'를 시청할 수 있습니다.

청결

01

가장 기본적인 혁신의 언어

깨끗한 환경은 위대한 발명의 캔버스다.

- 마이클 R. 휴즈 -

누군가가 필자들에게 "조직에서 가장 기본적인 혁신의 주제가 무엇인가?"라고 묻는다면 주저 없이 '청결'이라고 답할 것이다. 청결과 함께 한 몸처럼 함께 몰려다니는 주제가 있다. 정리·정돈·청소다. 엄격히 말하면 청결은 정리와 정돈, 그리고 청소 활동의 결과로 자연스럽게 얻게 되는 부산물쯤으로 생각할 수 있겠다.

정리·정돈·청소·청결, 습관화는 2차 대전에서 패망한 일본을 다시 일으켜 세우는 데 매우 큰 역할을 한 것으로 알려져 있다. 이 다섯 가지 주제는 5S[14]라는 이름으로는 일본 기업들의 현장 혁신운동의 주제가 되어 국가 부흥에 크게 기여하였다. 80년대 한국 기업들은 한동안 5S를 배우기 위해 산업연수라는 명목으로 일본을 많이 드나들기도 했다.

5S는 꼭 산업 현장에서만 필요한 혁신 주제일까, 그리고 이미 한물간 것

---

14) 5S는 정리(整理, Seiri), 정돈(整頓, Seiton), 청소(淸掃, Seiso), 청결(淸潔, Seiketsu), 습관화(習慣化, Shukanka)를 일본어로 발음한 한자의 알파벳 머리 글자를 엮어 만든 용어다.

아홉 개의 성공 언어

이니 챙기지 않아도 되는 것일까? 5S는 아직도 동서고금을 막론하고, 또 시기에 상관없이, 일상에 필요한 주제라는 생각엔 예나 지금이나 변함이 없다. 그만큼 시대와 장소를 초월하여 중요하게 다뤄야 할 과제인 것이다. 여기서 잠깐 그 내용을 다시 들여다보는 것도 괜찮을 듯하여 구체적으로 정리해 본다.

기본 중의 기본, 5S

'기본'의 사전적 정의는 '사물이나 현상, 이론, 시설 따위의 토대와 근본'이다. 결코 없어서는 안 될 부분이라는 뜻을 담고 있다. 가끔 기본이라고 하면 하찮게 여기는 경우가 있는데, 절대 그렇지 않다.

가끔 정리·정돈·청소·청결의 중요성을 강조하면 좀스럽게 뭐 그런 걸 가지고 잔소리하냐고 핀잔하듯 반응이 되돌아온다. 그럴 때마다 머쓱해지는 건 어쩔 수 없는 일이지만, 속으로 '그렇다면 뭐가 중요하지?'라고 반문하고 싶어진다. 실제로 그렇지 않은가? 경영이나 일상에서 이런 것들이 중요하지 않으면 도대체 어떤 것들을 챙겨야 한단 말인가? 오늘날은 많이 개선되었다고 하나 일부 제조 혹은 사무 현장의 5S 수준을 보면 한숨이 절로 나오는 경우가 있다. 그 조직의 문화를 대충 짐작할 수 있을 것 같다. 주요 거래처가 현장을 방문하면 어떤 생각을 할까 걱정스럽다. 5S를 현장의 문제로만 국한해서 봐서는 안 된다. 그 사람의 마음·주변 인간관계·컴퓨터 파일·스마트폰 내부 모두가 5S 대상이라고 확장해서 생각해야 정상이다.

　2차 대전 후 일본은 5S라는 이름으로 혁신운동을 전개함으로써 획기적으로 생산성 향상을 이루었고, 작업 환경을 정리하고 표준화하여 안전하고 효율적인 공간을 조성하는 데 성공한 대표적인 국가다. 이만하면 중요한 과제로 다룰 만하지 않은가?
다음은 각각의 S에 대해 구체적으로 설명한 내용이다.

　첫째, 정리(整理, Seiri)는 단순히 물건을 치우는 것이 아니라, 필요한 것과 불필요한 것을 구분하여 공간을 최적화하는 과정이다. 궁극적으로는 필요한 것들은 거두되, 불필요한 것들은 제거하는 활동이다. 작업 현장에는 꼭 필요한 물품만 남기고 나머지는 없어야 마땅하다.
제조 공장에서 오래된 공구나 쓰지 않는 부품을 폐기하거나 재활용하고, 사무실에서는 불필요한 문서, 고장 난 프린터, 삐걱거리는 의자, 부서진 비품, 사용하지 않는 장비들은 과감하게 처분해야 한다.
정리함으로써 얻을 수 있는 효과에는 어떤 것들이 있을까?

✔ 시간 절약: 필요한 물건을 빨리 찾을 수 있다.
✔ 스트레스 감소: 정리된 공간은 심리적 안정감을 준다.
✔ 생산성 향상: 정리된 환경에서의 작업은 집중력을 강화하여 업무생산성을 높인다.
✔ 위생 관리: 먼지와 세균을 줄임으로써 건강 유지에 도움을 준다.
✔ 미니멀 라이프 실천: 쓸데없는 물건에 대한 소비를 줄임으로써 간소한

생활을 영위할 수 있도록 한다.

둘째, 정돈(整頓, Seiton)이란 보이는 모든 것에 질서를 부여하는 것으로써 필요한 물건을 사용하기 쉽게 하는 활동이다. 가장 기본적으로는 물건의 특성이나 용도, 또는 성격에 따라 그것이 있어야 할 자리에 배치하는 것이라고 할 수 있겠다.

자주 사용하는 물건에 대해서는 접근하기 쉬운 곳에 배치하고, 누구나 찾기 쉽도록 제자리에 두어야 한다.

작업 현장의 경우에 작업대에서 사용하는 빈도에 따라 공구들을 배치하고, 각 공구의 위치를 표시해 두는 것은 정해진 것을 정해진 자리에 둠으로써 누구든 쉽게 찾을 수 있게 시스템화하는 일이다.

사무실에서는 서류를 카테고리별로 파일링하고, 명확한 라벨링을 통해 찾기 쉽게 만든다. 업무와 관련이 없는 물품 등은 되도록 책상 위에 두지 않는다.

정돈을 제대로 함으로써 다음과 같은 효과를 기대할 수 있을 것이다.

✔ 시간 절약: 필요한 물건을 빠르게 찾을 수 있어 불필요한 동선이 줄어든다. 정돈은 일상생활에서도, 사람에게 편리성을 선사하는 요소가 될 수 있다.

아침에 서둘러 나갈 때, 찾고 싶은 물건이 바로 눈앞에 있을 때를 생각해 보라.

✔ 스트레스 감소: 물건이 제자리를 찾지 못하고, 여기저기 쑤셔 박아 놓은 사무 환경을 상상해 보라. 어지럽고 지저분한 환경은 우리의 뇌를 피

곤하게 한다. 반면에 정돈된 환경은 심리적 안정감을 준다.

정돈된 책상에서 일할 때 당연히 마음이 한결 가벼운 느낌이 들지 않는 가?!

✔ 생산성 향상: 필요한 물건을 찾느라 5분 이상을 헤매 본 적이 있는가? 특히, 급한 지시를 받고 작업 도구나 문서를 찾아야 할 상황에서 진땀을 흘려 본 사람이라면 정돈의 중요성에 대해 실감할 것이다. 촌각을 다투는 상황에서 즉시 대응할 수 있음으로써 시간을 줄이고, 집중력을 유지하는 데 정돈은 필수 중 필수다.

혹시 평소 자동차 키를 어디 두었는지 헤맨 적이 있는가? TV 리모컨은? 스마트폰은? 작업 공구는? 만일에 사용 후 정해진 위치에 두지 않았다는 이유로 필요할 때마다 찾아 헤매고 있다면 이 시간 이후부터는 그것들이 놓여 있어야 할 자리를 정해 보라. 바쁠수록 더 정돈에 집착해야 한다는 사실에 전적으로 공감하게 될 것이다.

셋째, 청소(Seiso)란 작업장 및 시설·장비, 주변을 깨끗하게 유지하는 활동이다. 청소는 결함을 미리 발견하며, 작업의 효율을 높인다.

작업 현장에서는 매일 장비를 점검 및 청소하여 먼지를 제거하는 과정에서 문제를 사전에 발견할 수 있다. 사무 공간에서는 주기적으로 컴퓨터 키보드, 책상 등을 닦아 깔끔한 상태를 유지해야 한다. 기대할 수 있는 효과는 다음과 같다.

✔ 사고 예방: 작업 환경과 기계·장비·설비 및 각종 공구 등을 청소(또는 정비)하는 행위는 산업 안전에서 매우 중요한 활동이다. 현장 사고는 기본적으로 이와 같은 물리적 환경과 작업자와의 접점 관리 실패에서 비롯

     아홉 개의 성공 언어

하는 경우가 대부분이다.

✔ 건강 예방 및 개선: 청소는 먼지, 곰팡이, 세균 제거로 알레르기, 호흡기 질환 예방 및 화장실 등의 세균 번식 방지 등으로 감염 예방에 효과가 크다.

✔ 집중력 & 생산성 향상: 깨끗한 공간에서는 산만함이 줄어들고 집중력이 높아짐은 물론, 깔끔한 책상에서 일하면 업무 효율이 높아지고 스트레스가 감소한다.

✔ 심리적 안정 & 스트레스 해소: 청소 후의 상쾌한 기분과 정리된 공간은 마음을 평온하게 할 뿐만 아니라, 스트레스가 쌓일 때 청소하면 심리적 안정을 유지할 수 있다.

✔ 대외 이미지 제고: 깨끗하게 청소된 공간은 방문객이나 동료에게 좋은 인상을 줌과 동시에 조직의 대외 이미지 제고에도 긍정적인 영향을 미친다.

넷째, 청결(淸潔, Seiketsu)은 정리, 정돈, 청소를 표준화함으로써 얻게 되는 결과이다. 지속적인 청결을 유지하기 위해서는 앞서 실행한 정리, 정돈, 청소가 일상적 활동으로 작용할 수 있도록 표준화된 규칙과 절차를 만들어 관리해야 한다.

작업 현장에서는 작업장 정리 후 체크리스트를 작성하여 일일 점검 함으로써 하나의 문화로 자리 잡을 수 있도록 조치한다. 사무실에서는 청소 담당 구역을 정하고, 정기저으로 회의를 통해 상태를 확인하는 것이 바람직하다. 청결이 주는 효과에는 어떤 것들이 있을까?

✔ 생산성 향상: 정리된 환경은 업무 효율을 높여 준다. 청결 상태가 유지

되면 작업 흐름이 매끄럽고, 의사결정 속도도 빨라진다. 자동차 부품 제조 현장에서 작업대 위에 있던 불필요한 자재를 제거했더니 조립 속도가 15% 향상되었다는 보고가 있다.

✔ 안전성 강화: 미끄러운 바닥, 흩어진 자재 등은 전도·낙하·화재 위험을 높인다. 청결은 이런 위험 요소를 제거하여 산업재해를 예방한다.

✔ 품질 유지 및 향상: 먼지, 기름때, 이물질은 제품 불량률을 높이는 주요 원인이 된다. 청결을 유지하면 제품 오염 방지와 불량률 감소로 이어진다. 반도체 공정에서 클린룸 청결 기준을 강화함으로써 수율이 3% 상승했다는 사례가 있다.

✔ 건강 및 위생 보호: 청결은 세균·곰팡이·유해물질 번식을 억제해 근로자 건강과 위생을 지켜 준다. 특히, 식품·의약품·화장품 분야는 청결이 곧 법적 필수 조건이기도 하다.

✔ 조직 이미지와 신뢰성 제고: 깨끗한 환경은 방문자 및 고객에게 전문성, 신뢰감, 책임감을 전달하는 매개체로써 중요한 역할을 한다. 또한 내부적으로도 직원들의 자부심과 소속감을 높이는 데 기여한다. 청결은 단순히 위생의 문제가 아니다. 자신과 타인에 대한 존중의 표현임을 명심하자.

　　다섯째, 습관화(習慣化, Shukanka)는 정리·정돈·청소·청결의 단계를 일시적인 활동이 아니라 생활과 업무 속에 자연스럽게 녹아들게 하는 것을 의미한다. 다음 표는 습관화의 효과를 5S관점에서 정리한 것이다. 추가적인 내용은 '03 좋은 습관 만들기 전략'에서 다룰 것이다.

　　　　　　　　　　　　　　　　　　　아홉 개의 성공 언어

5S 관점에서의 습관화 효과

장점	5S 관점	현장 적용 효과
지속 가능성 확보	정리·정돈·청소·청결이 단발성 행사로 끝나지 않고, 일상 업무 속에 녹아들도록 함	5S가 '캠페인'이 아니라 '문화'로 자리 잡음
품질 및 안전 유지	도구, 자재, 설비 상태가 항상 일정 수준 이상을 유지	불량률 감소, 안전사고 예방
작업 효율 극대화	표준화된 절차와 위치가 몸에 익어 불필요한 동작이 줄어듦	작업 시간 단축, 생산성 향상
책임감·규율 강화	모든 구성원이 동일한 기준과 습관을 공유	자기 점검 및 상호 점검 문화 형성
조직문화 성숙	청결과 질서가 '해야 하는 일'이 아니라 '당연한 일'이 됨	신입·경력 모두 자연스럽게 같은 수준의 5S 실천

02

청결의 대물림

청결은 혼자 끝나는 일이 아니라,

다음 세대에게 건네는 선물이다.

- 무명 -

이계우 대표는 청결이 몸에 밴 CEO다. 그는 청결이 일상의 삶에 어떤 긍정적인 영향을 미치는지에 대해 잘 아는 듯하다. 앞에서 언급했듯이 청결이란 정리와 정돈, 그리고 청소를 통해 얻어지는 결과물로써, 사회적 관계에까지 그 파급 효과가 크다. 그는 주변의 인간관계 역시 정리 정돈이 잘 되어 있다. 그가 실천하는 청결의 연원을 거슬러 가 보면, 몸에 밴 청결 품성이 어떻게 내면화하게 되었는지 알 수 있을 것 같다.

그가 살았던 청양 시골집의 안팎은 잘 정돈된 선비의 서재처럼 늘 깨끗했다. 집안은 어머니가 청소하고, 앞마당과 바깥마당은 항상 습관처럼 아버지께서 청소를 했기 때문이다. 그는 기억 속의 집안 환경을 다음과 같이 떠올린다.

"방·마루·부엌은 언제나 정리 정돈된 상태를 유지하고 있었습니다. 그리고 아버지가 담당했던 앞마당과 마당 바깥에는 풀 한 포기를 볼 수 없을 정도로 말끔했지요."

 아홉 개의 성공 언어

그의 집은 어머니·아버지, 그리고 7명의 자녀가 어우러진 대가족이었다. 그러니 식구 전체가 하루에 앞마당 바깥마당을 밟거나 집안을 왔다 갔다 하는 숫자는 몇십, 몇백 번은 족히 될 것이었기에 아버지는 늘 이렇게 말씀하신 걸로 회상한다.

"나갈 때 둘러봐서 풀 한 포기씩 뽑아라. 앞마당에 나갈 때, 바깥마당에 지나가다 이렇게 쳐다보고 풀 한 포기가 나왔으면 그걸 뽑아라!. 들어올 때나, 나갈 때나 둘러봐서 풀 한 포기라도 있으면 하나 뽑아라. 지푸라기라도 하나 있으면 그거 하나 주어라. 그러니까 한꺼번에 많이 하려고 하지 말고, 조금씩 꾸준하게 하거라."

실제로 이것은 매우 효과적인 방식이다. 식구 9명이 각각 풀 한 포기씩 뽑고 나갔다 들어왔다 하면, 하루에 각자 두 포기씩 뽑게 되는 셈이고, 그러면 하루에 18개씩 제거되는 게 아닌가. 이런 것이 바로 숫자의 힘이라는 거다. 그러니까 그의 집 안팎은 항상 깨끗한 상태를 유지할 수 있게 된 것이다.

이계우 대표의 청결 정신은 그의 어머니로부터도 영향을 받은 듯하다. 이래저래 청결한 환경에서 보고 배운 것들이 그대로 경영 현장으로 이어지고 있는 것으로 보인다.

그는 아버지가 마흔둘, 어머니가 마흔 살 때, 오늘날의 기준으로 보면 늦둥이로 세상 밖으로 나왔다. 그 후 36년이 지나는 시점에 어머니는 세상과 작별했다. 20여 년 전의 일이다. 아버지는 훨씬 전에 돌아가셨음은 이미 언급했다.

인품 좋은 양반집 규수였던 어머니는 참으로 단정했고, 살림살이는 늘 깨끗하고 빛났다. 물건들은 늘상 적재적소에 차곡차곡 한 치의 흐트러짐이 없이 잘 보관되어 있었다. 자녀들에게는 공부하란 말로 스트레스를 준 적이 없었다.

"공부는 니들이 알아서 하는 거다. 나는 널 믿는다."라는 말에 자녀들은 힘이 솟았다.

"항상 정갈했으며, 야단을 치신 적이 거의 없었지요."

세 살 때 습관이 여든 간다라는 말처럼, 그의 주위는 항상 깨끗하다. 자동차에서 내릴 때조차도 조그만 쓰레기 하나라도 습관처럼 손에 쥐고 내린다. 방 정리도 마찬가지로 한 번에 하나씩 정리한다. 들어올 때 하나, 나올 때 하나.

"이런 작은 습관이 모여 큰 것을 변화시킬 수 있다고 생각합니다. 이렇게 평생을 살았던 아버지께서 막내아들에게 좋은 습관을 남겨 주신 것에 감사할 뿐입니다."

청결 같은 습관도 세습화되는 것이라면 백번 천번 세습되어도 마냥 즐거울 것 같다.

5S 정신은 작업 현장 같은 물리적 환경관리뿐만 아니라, 인간관계관리는 물론 자료관리에 이르기까지 확대 적용해야 마땅하다고 생각한다.

03

좋은 습관 만들기 전략

우리는 습관을 만들고, 그 습관이 우리를 만든다.

- 존 드라이든 -

바람직한 습관을 많이 가지고 있다는 것은 그만큼 성공적인 삶을 사는 데 유리한 조건을 가지고 있다고 할 수 있다. 이를 보다 전략적으로 관리함으로써 자신이 원하는 습관을 개발할 수 있는 단서를 모색해 보자.

습관은 반복적인 행동이 자동화되는 과정을 통해 형성되며, 이 과정은 뇌의 보상 시스템과 관련된 심리적, 행동적 요인의 영향을 받는다. 그래서 한번 만들어진 습관은 평생토록 유지되는 것이다.

습관이 형성되는 주요 심리 및 행동적 요소는 큐-행동-보상 루프로 이루어진다.[15] 무슨 뜻인지 찬찬히 살펴보자.

첫째, 큐(Cue, 신호)는 특정한 행동을 촉발하는 환경적 혹은 내부적 자극이며,

둘째, 행동(Routine, 반응)은 특정한 자극이 주어졌을 때 수행하는 반복적 행동이라고 할 수 있다.

───────────────

15) 찰스 두히그(강주현 옮김), 습관의 힘(The Power of Habit), 2012

세 번째, 보상(Reward, 결과)이란 행동 후 얻게 되는 긍정적인 강화 요인이다.

예를 들어 설명하면 이해에 도움이 될 것이다.

직장인 A씨가 퇴근 후 피곤함을 느끼고 있다. (Cue)

그는 회사 인근 편의점에서 간식을 사 먹었다. (Routine)

그 결과 스트레스가 해소됨을 느꼈다. (Reward)

"어, 이것 봐라. 퇴근하면서 간식을 먹었더니 피곤이 사라지잖아!" 그날 이후 A씨는 매일 퇴근 후 간식을 먹어야겠다고 다짐한다.

똑같은 과정이 반복되면서 A씨는 퇴근과 함께 자동적으로 편의점으로 향하게 된다. 그것이 하나의 습관으로 자리 잡은 것이다.

그렇다면 습관이 이루어지기까지 어떤 심리적 요소들이 작용하는 것일까.

습관을 만드는 심리적 요소

첫째, 도파민은 뇌에서 동기부여와 보상에 중요한 역할을 하는 신경전달물질이다. 특정한 행동할 때 쾌락을 주는 보상(예: 커피 한 잔, 운동 후 상쾌함, SNS 알림 등)을 경험하면, 뇌는 그 행동을 반복하려는 속성이 있다. 이 과정이 지속되면 나중에는 보상이 없어도 행동 자체가 자동화된다. 앞에서 예를 든 A씨와 같은 사례가 여기에 해당한다.

둘째, 새로운 행동을 처음 학습할 때는 전두엽(논리적 판단 및 의사결정 담당)이 관여하지만, 반복되면서 기저핵(Basal Ganglia)이 이 역할을 대신하게 된다. 즉, 처음에는 의식적으로 해야 하는 행동이지만, 시간이 지나면 자동화되어 특별한 노력 없이 수행하게 된다. 처음에는 운전할 때 신경을 많이 쓰지만, 숙달되면 무의식적으로 운전하게 되는 원리이다.

셋째, 사람들은 자신의 신념과 행동이 일치하지 않을 때 심리적 불편함을 느끼고, 이를 줄이기 위해 행동을 정당화하거나 반복하게 된다.
특정 행동을 습관적으로 하면, 우리는 그 행동이 자신에게 적절한 것이라고 믿게 되어 지속하기 쉽다.
운동을 꾸준히 하는 사람은 "나는 건강한 사람이다."라는 정체성을 가지게 되어 운동 습관을 유지하려고 한다.

습관을 만드는 외부적 요소

습관은 외부 요인에 의해서도 영향을 받는다. 이는 습관을 만드는 행동적 영향이라고 할 수 있을 것이다.
첫째, 환경이 행동을 쉽게 만들거나 어렵게 만들면, 습관이 형성되거나 억제되기도 한다.
TV 리모컨을 항상 손이 닿는 곳에 두면 TV를 자주 보게 되고, 과자를 눈에 보이지 않는 곳에 두면 간식을 덜 먹게 되는 경향성을 보인다.

둘째, 연구 결과, 새로운 습관이 형성되는 데 걸리는 시간은 평균 66일(최소 18일·최대 254일) 정도이다.
반복 횟수가 많을수록 행동이 습관으로 자리 잡을 가능성이 커지게 된다.

매일 같은 시간에 운동을 하면 자연스럽게 그 시간이 되면 운동하고 싶어
진다.

셋째, 주변 사람들이 특정한 행동을 하면 따라 할 가능성이 커진다. 주변
동료들이 모두 아침에 커피를 마시면, 나도 자연스럽게 커피를 마시는 습
관이 생기기 쉽다.

좋은 습관 만들기

좋은 습관은 그 사람만이 가지고 있는 보이지 않는 자산이요, 소중한 경
쟁력의 기반이 될 수 있다. 자신이 원하는 바람직한 습관을 형성하기 위
한 전략적이며, 실제적 적용 방법을 습득하는 것은 대단히 의미 있는 일
이다.

첫째, 큐(Cue)를 명확하게 설정한다. 특정한 시간, 장소, 상황과 연결함
으로써 습관화가 가능하다. 아침 7시에 침대에서 일어나자마자 스트레칭
5분 하기 등 습관을 특정한 시간이나 장소와 연결함으로써 자연스럽게
행동으로 이어질 가능성을 높인다.

둘째, 기존 습관과 묶어서 실행한다. 양치질한 후 구강세정기(아쿠아
픽) 바로 사용하기, 커피를 마시면서 영어 단어 5개 외우기, 출근길 지하
철에서 영어 사설 한 편 읽기 등은 이미 형성된 습관에 새로운 행동을 덧
붙임으로써 습관 형성을 쉽게 하는 것들이다.

셋째, 눈에 보이는 신호(환경, 알람, 보상)를 활용한다. 아침에 일어나면 운동복을 침대 옆에 두기(운동 유도), 책상 위에 책 올려 두기(독서 유도), 채소·과일을 식탁 한가운데에 두기(건강한 간식 선택 유도) 등은 행동을 촉진하는 시각적 단서를 주변 환경에 배치함으로써 습관화하는 방법들이다.

넷째, 스스로에 대해 보상(자기보상)을 한다. 과제 혹은 하나의 업무를 끝낼 때마다 좋아하는 간식 먹기, 하루 목표 달성 시 체크리스트에 ✔ 표시하기 등 긍정적인 피드백을 줌으로써 뇌가 해당 행동을 반복하고 싶어지도록 한다.

다섯째, 함께 실천할 파트너를 만든다. 운동 습관을 만들기 위해 친구와 함께 매일 저녁 7시에 헬스장 가기, 독서 습관을 기르기 위해 서로 읽을 책을 정하고, 매주 한 번 독서 토론 진행하기 등은 서로의 진행 상황을 공유하고 격려해 주는 파트너를 정함으로써 습관을 유지하는 힘이 강해진다.

정리·정돈·청소·청결 역시 습관의 영역이다. 혹시 귀하의 책상 위에 각종 문서, 포스트잇, 컵, 자잘한 쓰레기 등으로 어지럽지 않은가? 어지러운 주위 환경은 필요한 물건이나 자료를 찾느라 시간을 낭비하게 됨으로써 업무 효율을 떨어뜨린다.
반면에 잘 정리하고, 정돈된 모습만으로도 본인의 이미지를 높이는 부수석인 효과를 얻을 수 있다면 주저할 이유가 없지 않은가? 더 나아가서 정리·정돈·청소·청결·습관이 소득과도 유의미한 관계가 있다는 사실을 알고 있는지 모르겠다.

한 가지 더 있다. 당신의 주변을 어지럽고, 지저분하게 채 방치하는 것은 다른 사람들이 당신을 우습게 알고, 무시해도 좋다는 무언의 표현임을 명심하자.

그래도 괜찮겠는가?

자, 이제 아래의 체크리스트 항목을 읽고 해당하는 곳에 ✔ 표를 해 보자.

□ 책상 위에 전날 먹다 남은 커피, 음료수, 간식이 그대로 있다.

□ 언제 필요할지 몰라서 어떤 물건이나 자료도 버릴 수 없다.

□ 책상 위에 서류, 포스트잇, 봉투, 이면지 등의 종이가 뒤섞여 있다.

□ 사용 후 씻지 않은 컵이나 텀블러가 3개 이상 있다.

□ 책상 정리를 미뤄뒀다가 한 번에 다 치우려고 한다.

□ 업무에 필요한 서류를 찾는 데 5분 이상 걸린다.

□ 직장생활을 하면서 명함 정리를 따로 해 본 적이 없다.

□ 볼펜 같은 문구류가 여기저기 널브러져 있다.

□ 컴퓨터를 바꾸거나 자리를 옮기는 일은 상상만 해도 골치 아프다.

□ 직장 상사로부터 '책상 좀 정리하라'는 핀잔을 들은 적이 있다.

자료원: 비즈콤

체크된 항목이 5개 이상이면, 귀하께서는 당장 책상을 정리 정돈을 해야 할 사람이다.

내일부터 당신의 책상과 서랍, 그리고 주변이 달라질 것으로 기대해 본다.

You can do it.

   아홉 개의 성공 언어

고객 감동

01

직원 감동_자네는 어떻게 생각해?

홀륭한 서비스는 고객이 기대하지 못한 방식으로

그들을 기쁘게 하는 것이다.

- 토니 셰이 -

고객 감동을 철 지난 주제라고 생각하는가? 1990년대 초부터 2000년대 초반까지 10여 년 동안 기업과 관공서 등에서 고객만족경영(CSM, Customer Satisfaction Management)을 새로운 혁신운동으로 도입·운영한 적이 있다. 덕분에 우리나라 서비스 수준은 놀랄 만큼 향상되었다. 그때 나왔던 메시지 중에 기억에 남는 몇 가지가 있다. 지금 보면 좀 과하다 싶은 부분이 있긴 하지만 당시에는 그만큼 고객에 집중하고자 하는 의지가 강한 나머지 나온 표현이 아닌가 생각한다.

'고객은 손님이다, 고객을 가족처럼, 고객은 애인이다, 고객은 왕이다, 고객은 신이다, 고객은 상전이다.'

어떤 대기업은 회의할 때마다 고객 관점에서 생각하자는 뜻에서 회의할 때마다 테이블에 고객의 자리를 따로 마련하기도 했다. 그야말로 고객들에게는 두 번 다시 맞이하기 어려운 호시절이었다. 순전히 소비자 만족을 위한 혁신 활동이다.

이런 분위기에 편승하여 일부 소비자들은 기업에게 지나친 서비스(때로

 아홉 개의 성공 언어

는 부당한)를 요구한 나머지 사회적 비난의 대상이 되는 사례들도 있었다. 예를 들어, '화장품을 사용하다가 피부에 안 맞는다, 음식을 배달해서 먹었는데 맛이 없다, 옷을 사서 한참 입다가 마음에 안 든다'라는 이유로 환불을 요구하는 경우가 많았다.

심지어 어떤 고객은 명품 핸드백을 구매하여 중요한 행사에서 사용한 후, 기대와 다르다며 무리하게 환불을 요구하여 사회적으로 지탄받는 일도 있었다. 예전처럼 그랬다간 요즘은 불량고객 리스트에 올라 내쫓김을 당할 수 있으니 조심해야 할 일이다. 무슨 일이든 지나치면 독이 되어, 자신을 찌른다.

여전히 고객은 기업에 소중한 존재인 것에는 변함이 없다. 예나 지금이나 고객 만족의 중요성은 여전하다. 단지 고객의 범위를 확장하여 적용되고 있다는 것이 좀 다르다고 해야 할까.

요즘에는 분위기가 많이 변했다. 외부고객인 소비자 만족을 위해서는 내부고객(직원)이 만족해야 진정으로 외부고객을 만족시킬 수 있다는 차원에서, 고객 만족의 방향이 직원 만족으로 확장·발전하는 단계에 이르렀다. 우리나라도 이제는 고객을 위한 서비스체계의 운영이 선진국 수준으로 향상되었다.

그런데 아직도 사각지대로 남아 있는 곳이 있다. 발주사(도급사)와 공급사(수급사)와의 거래 관계에서 이루어지는 현장이다. 그도 그럴 것이 원재료를 구매하는 발주사는 가격경쟁력을 높이려는 차원에서 되도록 원재료 가격은 낮게, 대금 결제는 최대한 늦게 하길 원한다. 상황이 이러다 보니 아무리 상생 경영을 외쳐 대도 일선에서는 마이동풍(馬耳東風)인 경우가 많다.

아쿠아픽 이계우 대표는 고객과의 관계(회사-내부고객, 회사-외부고객 (최종 소비자), 회사-공급사)를 어떻게 풀어 가고 있는지 궁금했는데, 그의 접근 방식은 역시 독특하다. 만족이 아닌, 감동의 차원으로 끌어올려 관리하고 있다는 데 놀라움을 금치 못한다.

회사가 무슨 공동묘지냐?

먼저 내부 직원과의 관계를 살펴보기로 하자. 직원들은 자신이 몸담고 있는 조직을 어떻게 생각하고 있을까?
아쿠아픽을 초창기에는 정말 많은 빚을 진 상태였는데, 자금 문제를 해결하고 나서 알게 된 사실이 있다. 많은 경영자가 이구동성으로 하는 얘기, '모든 것이 사람이다'라는 것이다.

모든 경우에 딱 맞아떨어지는 것은 아니겠으나, 세상은 얼추 20:80 법칙으로 움직이고 있음을 느낄 때가 많다. 이 원리는 이탈리아의 수학자이면서 경제학자이자 사회학자인 빌프레도 파레토(Vilfredo Pareto 1848~1923)가 주장한 이론이다. 그는 자신의 정원에서 키우던 콩의 콩깍지 중에서 잘 여문 소수의 콩깍지가 전체 콩 산출의 대부분을 차지한다는 걸 발견하고, 이를 거시경제학적으로 해석한 사람이다. 기업 이익 중 80%는 20%의 핵심 상품에서 나오고, 가지고 있는 넥타이 중 주로 사용하

　　　　　　　　　　　　아홉 개의 성공 언어

는 것은 20%에 불과하고, 조직은 20%의 핵심 인력에 의해 움직인단다. 그런데 재미있는 것은 80% 부분을 없애면, 다시 20:80 구조가 된다는 것이다. 역설적으로 말하면, 그 20%가 존재하는 것은 80%가 있기 때문이라는 것이다. 결론적으로 이래저래 아주 쓸모없는 인력은 없다는 뜻이다.

이계우 대표에게는 주위에 20%에 속하는 인력이 있다. 20년 넘게 동고동락하는 직원 몇 사람이 바로 그런 인력들이다.

그 직원들이 농담 삼아 하는 얘기가 있단다.

"사장님 저 내보내도 안 나갈 겁니다. 저는 사장님과 함께 이 회사에 뼈를 묻겠습니다."

이럴 때 그도 농담 삼아 한몫 거든다.

"자네, 여기가 무슨 공동묘지인 줄 아나 뼈를 묻게! 좋은 데 있으면 가야지."

"안 가요. 사장님이 내쫓아도 안 가요. 저는 같이 죽고 같이 살 겁니다."

이런 직원들이 있는 한 아쿠아픽은 결코 성장에 멈춤이 없을 것으로 믿는다. 물론 일시적인 고난이야 있을 수도 있겠지만 말이다.

오늘날은 회사마다 직원을 최우선 고객으로 배려하는 분위기가 역력하다. 그만큼 내부에서 같이 일하는 사람을 중요하게 생각한다. 회사 내부에 있는 직원이 만족해야 덩달아서 외부 고객을 기쁘게 해 줄 수 있지 않겠는가. 수신제가치국평천하(修身齊家 治國平天下)라는 말이 있듯이, 자기 내부 직원도 만족시키지 못하면서 무슨 밖에 있는 사람들을 만족시키겠냐는 것이 이계우 대표의 지론이다. 그는 내부고객인 직원을 만족시키는 근본은 바로 '존중(尊重)'이라고 생각한다. 직원들을 높이어 귀중하게 대하려면 어떻게 해야 하나, 궁리하다가 몇 가지 방법을 찾아 낸다.

"존중하려면, 존칭을 써야 하겠다는 생각에서 직원들 이름 끝에 '님'자를 붙이기로 했습니다.

건호 님·가영 님·형범 님 등으로 말입니다."

사실, CEO로부터 '님'으로 호칭을 받고 싫어할 직원이 있겠냐 싶다. 백 번을 들어도 기분 좋아지는 순간이 아니겠는가.

공식적인 직급과 직책은 존재하기에 외부인과 같이 여러 명 있을 때는 당연히 '김 부장·이 과장'으로 부른다.

대표가 내부고객인 직원들에게 존칭을 쓰는데, 직원들은 대표를 뭐라고 불러야 할지 고민스러웠다. 대표인 그를 '계우 님'으로 부르면 좀 민망스러울 수도 있을 것 같다고 생각한 끝에, 직원들이 아이디어를 냈다. '케빈(Kevin) 님'으로. 케빈은 이 대표의 영어 이름이다.

비즈니스 관련하여 오신 손님 앞에서 직원이 대표한테, '케빈 님'이라고 하면, 오신 분들이 당혹해할 수도 있으니, 그런 때는 '대표님'으로 호칭한단다.

"직원들은 나를 대표님, 사장님이라고 하는데, 대표인 내가 직원들한테 '님'이라고 하면 안 되는 법이라도 있을까요? 항상 서로 존중하는 그 마음이 고객에게까지 연결되어서 '고객 감동'이 이루어지는 거라고 생각합니다."

아쿠아픽 명함이 좀 이채롭다. 화려하지 않아 좋다. 굳이 '자신이 이런 사람이니 알아 달라'고 하는 권위적인 메시지가 들어 있지 않아도 상대에게 전달되는 무게는 결코 가벼워 보이지 않는다.

     아홉 개의 성공 언어

아쿠아픽 명함은 화려함이 없어 좋다. 청결의 기업문화가 반영된 것이 아닐까 싶다.
이계우 대표 이름 밑에 '고객감동책임자'라는 명칭이 이채롭다.

직원들의 명함도 모두 이런 형식이다.

대표이사(CEO)라고 표기해야 할 자리에 고객감동책임자/CEO로 표기되어 있다. 그만큼 고객(내부·외부·거래처)을 소중하게 생각하고 있는 마음을 그대로 실천하고자 하는 의지가 확고하다는 것을 보여 준다.

고객감동이라는 키워드를 넣어서 자신이 발전하고 회사 업무에 도움이 된다면, 얼마든지 쓸 수 있도록 한다. '고객감동팀'이라고 쓰고 싶다고 하면, 원하는 직원은 누구나 그렇게 쓸 수 있다. 그러다 보니 '고객감동 매니저'도 있고, '고객감동 팀장'도 있다. 조직도상의 부서로 마케팅팀·회계팀·영업부·해외 사업부 등이 있지만, 소속 부서와 관계없이 각자 원하는 명칭을 쓰는 팀들이 꽤 있다. '고객감동책임자'라는 직함도 쓸 수 있도록 허용했다.

당신은 화초입니다!

아쿠아픽 AS센터에는 많은 화분이 있고, 도서실 입구에는 하얀 벽을 배경으로 칭찬 나무가 세워져 있다. 단풍잎 같은 것들이 달려 있어 뭔가 싶어 다가가 보니 코팅된 하트 모양의 태그들이다.

칭찬 나무: 나무 잎사귀마다 함께 일하는 동료 직원들을 칭찬하는 메시지가 가득가득 열매처럼 매달려 있다.

직원들이 동료들을 칭찬하거나 격려하는 메시지들이 열매처럼 달려 있다. 필시 사랑의 열매일 것이다. 평소에 칭찬에 인색한 우리로서는 대단히 이례적이란 느낌으로 다가온다. 우연히 들은 칭찬 메시지가 한 사람의 인생에 얼마나 큰 영향을 미치는가를 몸소 경험한 필자들로서는 이런

아홉 개의 성공 언어

작은 이벤트가 조직에 긍정의 문화와 에너지를 만드는 데 큰 역할을 하고 있을 거라고 믿는다.

각각의 화분에는 지정된 돌보미가 있다. 잠시 쉬는 시간을 틈타 화분을 둘러보다가 필자들은 매우 이색적인 화분을 만났다. 뭔가 잡초 같기도 하고, 화초 같기도 한 식물이 다소곳이 자라고 있다. 궁금증이 생겨 이계우 대표에게 물었다.

"화분을 잘 가꾸어도 죽는 수가 있습니다. 창문가에 있는 화분의 화초가 죽었길래 뽑아 버리고 나서 얼마 동안 그대로 놔두었는데, 조금씩 싹이 나더니 한 움큼의 크기로 자랐습니다. 그걸 보고 감성이 발동하여 짧은 시를 지어 봤습니다."

화초(1)
화초가 죽었다.
그 자리에 잡초가 났다.
물을 주고 햇빛을 주니 화초가 되었다.
(2024년 10월 3일)

처음에는 잡초려니 했는데, 곰곰이 생각해 보니 세상에 잡(雜)이란 원래 없다는 것을 깨달았다. 그 사람이 현재 조금 어렵고, 뭔가 조금 부족할 뿐이지, 사람 자체는 모두 소중한 것이 아니던가. 그래서 셋째 줄을 고쳐 썼다.

화초(2)
화초가 죽었다.

우리는 모두 원래부터 화초 같은 존재인데, 존중의 눈으로 보지 않아 잡초처럼 보이는 것은 아닌지.

직원들의 자부심, 사무 환경

연구 결과, 사무 환경은 직원들의 생산성, 창의성, 집중력, 건강 등에 큰 영향을 미치는 것으로 나타났다. 잘 설계된 업무 공간은 효율적인 업무 수행을 돕고, 직원의 만족도를 높이며, 궁극적으로 기업 성과를 향상시킨다. 특히, 그 속에서 일하는 직원들의 조직에 대한 충성도를 높일 뿐만 아니라, 자부심으로 연결되기도 한다. 그걸 어떻게 알 수 있냐면, 직원들의 부모 형제 혹은 친구가 자기 회사를 방문하고 싶다고 할 때 뭔가 망설임이 있다면 근무 환경을 노출하는 게 별로 즐겁지 않다는 뜻일 게다.

사무 환경에 별로 신경 쓰지 않는 회사를 볼 때마다 안타까운 생각이 든다. 이래서야 어떻게 직원들에게 애사심을 강조하겠으며, 무엇을 기대할 수 있겠는가?
좋은 사무 공간을 제공하는 것 역시 사람에 대한 존중의 마음이 없으면 실행하기 어려운 과제다.

아홉 개의 성공 언어

아쿠아픽 사무 공간은 쾌적하여 사무 생산성을 높일 뿐만 아니라,
직원들에게 회사에 대한 애착을 갖게 하기에 충분하다.

이계우 대표의 얘기를 들어 보자.

"최근에 어떤 사람을 만났어요. 이 사람은 월급쟁이 CEO예요. 위에 회장이 있는데, 상장사 대표입니다. 회사에 현금이 천억 정도 비축되어 있답니다. 자기 지분 조금 있고 높은 연봉 받는 전문 경영인이랍니다. 저하고는 동갑이고, 회사를 잘 이끌어 가고 있습니다.

직원들도 몇백 명 되는 코스닥 상장사인데, 회사 내부를 보니 꼬질꼬질합니다. 놀라운 건 그 회사 이직률이 1년에 50% 정도랍니다. 게임 프로그램이나 소프트웨어 제작사들이 평균 이직률이 30% 정도라는데 50%는 너무 심하다는 생각이 들었습니다.

상황이 그러니 CEO가 직원들 이름도 다 모른다네요. 누가 왔다 갔더라만 아는 거지요. 이름도 외우지 못해 매번 들어왔다 나갈 때마다 그냥 그런가 보다고 할 수밖에요.

이제는 창업하거나, 사업을 하면서 사무실을 잘 꾸며야 합니다. 어느 정도 환경을 꾸며 주는 것도 무시할 수 없는 복지거든요. 그게 그렇게 돈이 많이 드는 것도 아닙니다. 그런데 그것을 아끼는 스크루지(구두쇠 영감) 같은 사람도 있어요. 회장님이 그냥 움켜쥐고 옛날 생각만 하고, 과거 시장통 컨테이너 박스에서 사업한 시절만 생각하고…, 요즘 젊은이들은 그렇지 않거든요. 사무실 환경에 투자를 많이 해야 한다는 것이 저의 철칙입니다."

개방된 학습공간: 도서실

요즘 웬만한 규모의 회사들은 직원용 도서실이 있다. 그렇지만 중소 규모의 회사에서 그런 공간을 갖춘다는 것은 결코 쉬운 일은 아니다.

이계우 대표는 책을 통하여 꿈을 키웠고, 책에서 삶의 방식과 방향을 구체화하는 방법을 찾았기에 누구보다도 독서의 가치와 그 힘을 아는 경영자다. 그는 사람이 책을 만들지만, 그 책이 결국은 사람을 만든다는 사실을 몸소 체험했다. 그래서 만들어진 공간이 바로 이곳이다.

아홉 개의 성공 언어

크지는 않지만 깔끔하고 아담하게 꾸며진 공간은
휴식과 책 읽기에 안성맞춤이다.

대부분 회사에서 운영하는 도서실은 내부 직원용으로 사용되지만 아쿠아픽 도서실은 누구에게나 개방되어 있다. 누구든지 지나가다가 들러, 커피 한잔을 앞에 놓고 컴퓨터 작업을 할 수도 있고, 책을 읽을 수도 있으며, 얘기를 나누기에 매우 적합한 공간으로 꾸며져 있어 더욱 신선하게 다가온다.

칭찬, 배려, 공감의 공간

독일 사회학자 페르디난트 퇴니에스(Ferdinand Tönnies)는 우리가 사는 사회를 게마인샤프트(Gemeinschaft, 공동사회)와 게젤샤프트(Ge-sellschaft, 이익사회)라는 두 가지 유형으로 구분하여 설명하고 있다.

게마인샤프트(Gemeinschaft, 공동사회)는 전통적이고 친밀한 관계 중심의 사회로서 가족, 마을 공동체, 혈연·지연·인연을 바탕으로 작동한다. 따라서 구성원 간의 유대감이 강하며, 비공식적 규범이 중요한 역할을 한다. 반면에 게젤샤프트(Gesellschaft, 이익사회)는 산업화·도시화가 진행된 현대 사회에서 나타나는 형태로서 개인의 이익을 중심으로 계약과 법에 의해 형성된 사회와 조직을 의미한다. 기업, 국가, 도시사회처럼 기능적이고 목적 지향적인 관계로 이루어지는 것이 특징이다.

두 개념에서 알 수 있듯이, 게마인샤프트를 움직이는 동력은 감성적이며 인간적이다. 그래서 따뜻하다. 그러나 게젤샤프트는 법, 규정, 계약 등에 의해 작동하는 것이 원칙이어서, 때로는 차갑고 냉정하다. 그렇다면 두 영역은 서로 섞이지 못하고, 타협할 수 없는 영역일까?

이계우 대표는 두 영역을 절묘하게 절충한다. 자칫 위계적 질서로 인해 경직된 분위기에 빠질 수 있는 게젤샤프트와 무질서로 흐르기 쉽지만 인간적 분위기에 의해 굴러가는 게마인샤프트의 요소를 적절하게 통합한다. 이런 경영 스타일은 누구든지 본받을 만한 부분이다.

직원들과의 소통과 정보 공유 외에 중요하게 꼽을 수 있는 것이 인간적인 존중, 배려, 정직 등인데, 이런 분위기를 조성하는 데 결정적인 역할을 하는 것이 바로 CEO의 대화 태도와 스타일이다. 그 중심에 질문이 있다. 질문은 지극히 인격적인 행위다. 귀하는 설명하는(답을 주는) 리더인가,

아홉 개의 성공 언어

아니면 질문하는 리더인가? 이계우 대표는 질문의 힘을 감각적으로 터득한 CEO로 보인다. 일방적으로 지시하거나(답을 주거나) 설명(설득)하기보다 질문을 통하여 상대방이 스스로 답을 찾도록 하는 모습에서 여타 CEO들과는 분명히 다른 리더십을 행사한다.

"직원들에 대한 대표이사의 질문 방식은 매우 중요하다고 보거든요. 직원들과의 평상시 대화 중 자주 하는 질문은 두 가지인데요. 이건 저만의 언어 스타일이라고 할 수 있습니다.

별일 없냐?

자네는 어떻게 생각해?"

앞의 것은 공감의 언어로서 상대방과의 희로애락을 함께 나누어야 할 자리에서 적합한 질문이며, 뒤의 것은 생각을 자극하는 질문으로서 일방적인 지시나 설명을 통하여 자신의 주장을 관철하려는 리더에게서는 찾아보기 어려운 질문 방식이다. 두 질문 모두 상대방에 대한 존중의 마음이 깔려 있지 않으면 나오기 어려운 것들이다.

"야, 쓸데없는 생각하지 마라. 그게 도대체 말이 되는 소리야?" 등과 같은 분위기에서 입을 뗄 수 있는 직원이 있을 수 없다. 대화는 단절되고 침묵의 시간은 길어진다. 궁극적으로 손해는 리더의 몫이 된다. 상대방이 가지고 있는 생각과 아이디어를 다 봉쇄하는 셈이 되니까.

이계우 대표는 질문으로 상대방이 생각할 수 있는 기회를 준 뒤에, 상대방의 대답에 진심을 담아 칭찬으로 격려하는 데도 익숙하다.

"그렇구나. 자네 참 대단하네. 어떻게 그런 생각을 할 수 있지?"

이런 멘트야말로 인정받는 느낌이 드는 언어이며, 듣는 이로 하여금 스스로에 대해 가치 있는 존재라고 생각게 하는 메시지다.

그렇다고 이래도 좋고, 저래도 좋다는 방식이 되어선 기강이 무너질 수 있는데, 회사라는 곳은 법과 규정, 절차, 지침 등의 적용을 받는 부분이 있기 때문이다.

소통이 활발해지면서 주고받게 되는 대화 일부를 여기에 소개해 본다.

"대표님 어저께 ○○영화를 봤거든요. 대표님도 그거 한 번 보시지요."

"그래? 그렇구나. 알려 줘서 고마워. 그런데 자네 애가 태어난 지 며칠이나 됐지?"

"200일 됐습니다."

"아니, 벌써 그렇게 됐어? 아빠 닮아서 씩씩하겠는데."

바쁜 와중에도 이런저런 가정사나 개인적인 얘기를 나누는 중에 서로 신뢰가 더욱 돈독해지는 법이다. 때로는 힘들 때도 있겠지만 이왕이면 좀 더 즐겁고 행복한 길을 함께 만들어 가 보자는 것이다. 딱딱하고 냉철하게 처리해야 할 업무에 둘러싸여 동분서주하고, 아슬아슬한 생존게임을 치르는 곳이 기업 세계라지만 이런 대화가 있어 서로의 마음을 이어 주고, 상처 난 가슴은 메워 주는 아교 역할을 하는 것도 CEO의 역할이 아닐까 싶다.

압박 면접은 인권 침해다

아쿠아픽 입사 면접은 좀 특이하다. 원래 지원자는 피면접자이고, 회사

아홉 개의 성공 언어

측은 면접자가 되는 게 일반적인데, 이 회사는 이러한 원칙을 뒤집는다. 면접을 시작하면서 이계우 대표가 지원자들에게 꼭 전하는 내용이 있다. 이쪽에서 먼저 30분 정도 피면접자들에게 물어본 다음, 피면접자 쪽에서도 면접자에게 질문하는 기회를 준다는 것이다. 어떤 내용인지 잠시 들여다보자.

"이 시간 저희와 여러분들은 상하(上下) 관계가 전혀 아닙니다. 굉장히 소중한 분들이 여기까지 찾아온 것에 대해서 정말 감사하게 생각하고 있습니다. 면접 시간이기 때문에 서로를 알아 가야 하니까, 불편하시더라도 30분~1시간 정도만 양해해 주십시오. 제가 무례한 질문은 드리지 않겠습니다. 여러분들도 궁금하신 부분이 있으면 면접 중간이든 끝난 후에든 언제든지 저희한테 물어 주십시오. 괜찮다는 판단이 서면 입사하시는 거고, 면접 보고 합격했는데도 여러분 생각에 아니다 싶으면 안 오셔도 괜찮습니다."

　필자들도 여러 번 이곳저곳 입사면접관으로 참여한 적이 있지만 면접 전에 이런 내용을 전달하는 조직을 본 기억은 아직 없다. 반면에 은근히 우리는 갑이고 상대방은 을이라는 생각으로 임했던 것 같아, 그들에게 송구한 마음 금할 길이 없다.

이 대표로부터 아쿠아픽의 면접 과정을 체험한 지원자가 보인 반응이 퍽 인상 깊었다는 대목이 있어 잠시 소개해 본다.

"대표님께서 면접하시는 모습을 보고 이 회사에서 일하기로 결심했습니다. 다른 회사도 면접을 몇 번 봤는데, 연봉이 여기보다 400~500만 원 정도 많은 곳도 있지만 최종적으로 아쿠아픽으로 결정한 이유는 CEO가 저의 의견을 경청해 주셨기 때문입니다. 면접을 받은 것과 똑같은 시간을 주시면서 질문을 하라는 말씀에 깜짝 놀랐습니다. 전 이런 면접 처음 봤거든요."

면접이 끝나면 면접관들은 "네, 끝났어요. 수고했습니다. 나가셔도 됩니다."라고 하는 게 일반적이지만, 아쿠아픽은 좀 다른 구석이 있다.
"네, 수고 많으셨습니다. 안녕히 돌아가십시오."라며 CEO가 정중하게 인사합니다. 그리고 자리를 뜨면서 "우리 팀장이 남아 있을 테니까, 시간이 좀 되신다면 차 한잔하시면서 궁금한 부분에 대해 추가로 물어보셔도 됩니다. 쉬었다 가십시오. 아무튼 고생 많으셨습니다. 고맙습니다."로 면접을 마무리한다.
필자들은 이런 모습을 아쿠아픽 웨이(aquapick way, 아쿠아픽 방식)라고 명명하고 싶다.
"압박 면접, 그거 따지고 보면 인격을 침해하는 행위가 아닐까요." 이 대표의 말이다.

신독정신(愼獨情神)

신독(愼獨)은 사서삼경 중 대학(大學)과 중용(中庸)에 실려 있는 말로써, 남들이 보지 않는 곳에서, 즉 혼자 있을 때에도 도리에 어그러짐이 없도록 몸가짐을 바로 하고 언행을 스스로 삼간다는 뜻이다. 그 사람이 어떤 사람인지 알려면 혼자 있을 때 시간을 어떻게 보내는지를 확인해 보라는 말이 있다. 그만큼 남들이 없는 곳에서의 생각과 행동이 중요하다는 애

                                    아홉 개의 성공 언어

기다. 그게 바로 그 사람의 인격의 척도이기 때문이다. 책임자나 관리감독자 앞에서는 그렇게 충성스럽고 성실한 사람처럼 보이다가 그들이 잠시 자리를 비우면 전혀 다른 행태를 보이는 사람들이 주변에 있지 않은지 살펴보라. 세상은 겉과 속이 다른 사람들로 이미 초만원을 이루고 있다. 이계우 대표의 신독정신은 오늘 우리에게 무언의 교훈으로 다가온다. 실로 배울 바가 많다. 그의 경험담을 잠시 듣고 가자.

"대표이사 앞에서는 잘하는데, 없는 데서는 그렇게 안 하는 경우를 봅니다. 예전에 직장생활 할 때 경험한 사실인데요, 선배들은 부산 출장 갈 때 항공편을 이용하거나, 새마을호 열차를 타고 다녔지만 저는 부산 갈 때 무궁화호 열차를 타고 다녔어요. 국내 출장할 때 비행기를 이용했던 기억이 제게는 없습니다.

이는 업무를 효율적으로 추진하기 위한 나름의 전략적 선택이기도 했습니다.

거래처 치과 의사들은 오전 9시 반쯤에 출근합니다. 치과 의사들이 빠르면 9시경에 나와서 9시 반쯤에 문을 여는 데도 있는데, 일반적으로는 10시에 문을 열어요. 그러니까 저는 서울에서 새벽에 출발하는 무궁화호 열차를 타고 가면 거의 맞춰서 도착하게 됩니다.

선배들은 어떻게 하느냐면, 김포공항에서 오전 9시에 출발하는 비행기 타고 내려갑니다. 그러면 미팅 약속은 10시 반이나 11시쯤에 잡을 수밖에 없겠지요. 거의 그렇게들 했어요. 업무는 똑같이 오전 한나절에 이루어지는데, 비용 자이를 생각해 보십시오.

또 서울에서도 바쁘다고 택시 타고 다닙니다. 저는 지하철 타고 다니는

데, 오히려 더 빨라요. 회사에서는 경비를 청구하라고 하는데, 지하철 이용료는 큰 금액이 아니어서 청구하지 않았습니다. 그리고 택시 정거장에는 한 번도 가지 않았어요. 비싸서 탈 수가 없었으니까요. 우리 회사 대표가 그런 거 모르지 않았을 겁니다."

요즘에 주인의식을 강조하면 웬 조선시대 생각이냐고 핀잔을 들을 수가 있다. 그런데 주인의식이란 것이 어째서 케케묵은 생각이요, 놀림의 대상이 되어야 하는지 그 이유를 모르겠다. 물론, 고용주가 근로자를 착취하는 수단으로 삼는다면 그건 정말 안 될 일이지만 말이다. 그런데 둘러보라. 주인 된 마음을 품고 일하는 이를 향하여 비아냥대는 사람치고 자신이 주인이 되는 일을 하는 사람이 있는가를.

사내 소통의 통로, 커뮤니케이션팀

아쿠아픽에는 사내 소통 창구 역할을 하는 팀이 존재하는데, 커뮤니케이션팀이다. 이 부서는 직원들이 직접 CEO와 소통하기 어려운 부분에 대한 징검다리 역할을 할 뿐만 아니라, 직원들의 애로사항, 부서 간 갈등을 조정함으로써 조직 전반의 소통 문화를 활성화하는 역할을 한다. CEO는 직원들의 비공식적 활동을 강제하거나 강요하지 않는 것도 특이한 모습이다. 모든 게 자율적이다. 그 중심에 커뮤니케이션 팀이 있다. 어떤 행사든지 사회자는 커뮤니케이션 팀장이 된다.

회사에는 요리 대회, 야외 벚꽃놀이, 연말 송년회 등 여러 프로그램이 있

  아홉 개의 성공 언어

다. 모든 행사는 직원들 자율적으로 이루어지며, 그 과정에서 CEO는 항상 어떻게 하면 좋을지 묻는 것으로 끝난다.

전후 상황은 커뮤니케이션 팀장이 취합해서 대표에게 전달하는 형식으로 진행된다. 대표이사가 비용에 대한 결재권자란 이유로 이러쿵저러쿵 개입하다 보면 배가 산으로 가는 모양새가 되는 것을 경계하기 위함이다.

인체에 혈관 막히면 모든 질환의 원인이 되듯이 사내 소통이 막히면 조직 전체에 문제가 생긴다. 부서 간 장벽, 직원 간 불신, 회사에 대한 신뢰 저하 등은 모두 소통 부족에서 비롯되는 모습이다. 일명 소통의 동맥경화 현상이다. 이계우 대표는 그 지점을 염려한다. 이런 증세를 예방하는 역할을 커뮤니케이션 팀이 맡고 있다.

작게는 직원 중에 누군가 몸이나 마음이 아픈 것까지도 확인하고 적절하게 보건상의 조치를 하는 것 역시 커뮤니케이션팀 몫이다. 그러다 보니 모든 직원이 커뮤니케이션 팀장과는 친하다. 이런 모습 또한 Aquapick Way의 한 부분이라고 할 수 있다.

커뮤니케이션 팀장은 주관적이거나 사사로운 감정을 최대한 배제하고, 객관적인 입장에서 문제를 해결하는 데 개입하고 있어서 직원들로부터 환영받는 사람이 되고 있다.

회사라는 곳이 공적 업무를 수행하는 공간이기에 일을 하다 보면 스트레스도 받고, 개인적으로 고민스러운 일도 있고, 부서 팀장과 팀원 간 인간직 갈등노 불가피하게 생길 수밖에 없다.

아쿠아픽 커뮤니케이션 공간에 게시된 직원들 활동 사진들(일부)

애로사항을 토로하는 것이 누구를 모함하기 위한 것일 수는 없다. 육체적 정신적으로 불편한 직원을 다독거리고 위로하면서 조직에 잘 적응하도록 하는 것이야말로 매우 중요한 보건과 복지 활동이다. 이 대표는 그 부분을 놓치지 않기 위해 커뮤니케이션 팀에 힘을 싣는다.

소비자 감동_불편을 드려 죄송해요

만족한 고객은 다시 오지만,

감동한 고객은 친구를 데리고 온다.

- 필립 코틀러 -

직장인들은 하루 한두 끼니는 밖에서 해결해야 하는 경우가 많다. 그들 뿐이랴. '오늘은 무엇을 먹을까?' 고민 안 하고 지나는 날이 있을까 싶다. 그만큼 우리에게 먹는 문제는 예나 지금이나 대단히 중요한 의사결정 사항이다.

음식점 경영자라면 잠재적 소비자들의 그런 부분을 충분히 고려하고 운영에 반영할 수 있어야 하는데, 현실은 기대치에 못 미치고 있는 경우를 본다. 이제 우리는 '그냥 한 끼니 때우기' 식의 식사 문화 수준을 넘어선 지가 한참 지났다.

음식점을 찾는 고객의 가장 기본적인 요구사항은 QSC(Qua-lity Service Cleanness, 품질·서비스·청결)다. 이 조건조차 충족하기 버겁다면 어떻게 골목상권의 치열함에서 살아남을 수 있겠는가. 그러나 이건 필요조건일 뿐, 충분조건에는 미치지 못한다. 충분조건에 이르는 수준은 개별고객의 니즈에 맞추어 제품과 서비스를 제공하는 일인데, 이 정도가 되면 고객 만족을 넘어 감동의 경지라고 할 수 있지 않을까. 아쿠아픽이야말로 거기에 천착하고, 도전하는 조직이라고 할 수 있겠다.

"오이김치만 드릴까요"라는 물음과 "배추김치도 같이 드릴까요"라는 말은 전혀 다른 차원의 서비스이다. 이계우 대표가 직원들에게 언어를 교육하는 방식은 손님이 요구하기 전에 먼저 묻는, 선행(先行)하는 서비스 태도이다.

예컨대, "반찬 좀 더 드릴까요?"라는 자세다. 이것을 우리는 진실의 순간 (MOT, Moment of Truth) 관리라고 한다. 서비스의 특성은 생산과 소비의 동시성이다. 그러므로 서비스공급자와 소비자 간의 접점을 어떻게 관리하느냐가 품질 수준을 결정한다.

이 대표가 경험한 바에 따르면, 미국의 일반 식당에서 이루어지는 접점은 평균 10번 이상이라는 것이다. 즉, 손님이 들어오는 순간부터 음식값을 계산하고 나가기까지 접점이 그 정도로 많다는 뜻이다. 어쩌면 의도적으로 접점을 만들어 관리하고 있는지도 모르겠다고 오해할 정도다.

식당에 들어올 때 눈을 보면서 '하이' 하고 한마디 던진다. 이어서 "몇 명입니까? 여기 앉으세요. (메뉴판을 건네면서) 무엇을 주문하실지 생각해 보십시오" 등이 이어진다.

3분 정도 있다 주문받으러 온다. 메뉴의 특성에 대한 설명을 늘어놓는다. "소스는 어떤 걸로 할까요? 미디움입니까 웰던입니까?" 묻고, 또 "전채 요리는? 음료는?" 등을 묻고 간다.

음료를 먼저 내어 준다. 메인 음식이 나오려면 시간이 좀 걸리니까 스타트

   이홉 개의 성공 언어

음식을 먼저 먹도록 하는데, "마실 거 좀 더 드릴까요?"라고 묻는다. 그러다가 주문한 메인 메뉴를 제공하면서 주문한 대로 나온 거 맞는지 확인한다. 5분 뒤에 또 와서 더 필요한 부분이 있는지 묻는다. 가끔은 음료수 한 병을 추가로 주문할 때가 있다. 또 5분 10분 지난 후에 지나가다가 또 온다. "혹시, 더 필요한 거 있으세요?"

어떨 때는 지겹다 싶을 정도로 묻고 또 묻는다. 이런 게 사실은 매출을 올리는 효과도 있다. 세상은 이미 손님이 물을 때만 수동적으로 응답하는, 한 박자 늦은 서비스로는 생존하기 어려워진 지 한참 지났다. 그런데도 아직도 깨닫지 못했다면 그 조직의 미래는 누가 책임져 줄까.

고객감동 책임자

고객감동 정신에 대한 이계우 대표의 의견은 계속 이어진다.
"명함(名銜)을 제작할 때, 많은 생각을 했습니다."
명함이야말로 처음 대하는 고객과의 접점에서 '나 혹은 회사'를 보여 줄 수 있는 최전선에 있는 도구가 아닌가.
성명, 주소, 직업, 신분 따위를 적은 네모난 종이쪽지이지만, 처음 만난 사람에게 나를 소개하는 것에 그치지 않고, 오랫동안 기억하도록 하는 자신만의 브랜드를 만드는 역할을 하기도 한다.
"명함에 대표적으로 딱 한 가지만 넣는다면, 그것이 무엇이어야 할까? 이름을 넣을까? 브랜드를 넣을까?"
이 대표는 기업의 영속성 차원에서 고려할 때 개인 이름보다는 회사 이름

(브랜드)을 부각시키는 것이 낫겠다는 쪽이다. 그래서 아쿠아픽을 맨 위에 넣고, 그다음에 낮춰서 대표(직원) 이름을 넣고, 직함을 뭐라고 할 것인가 고민하다가 최우선적 지향점이 무엇이어야 하는가를 생각했다. 그리고 '왜 사업을 하는가?'라는 화두 앞에 선다.

대표이사를 예전에는 통상 사장이라고 했으나, 이계우 대표는 명함에 한 번도 대표이사나 사장 등으로 표기해 본 적이 없다. 그의 명함에는 회사 로고(브랜드) 밑에 자신의 이름과 '고객감동책임자/CEO'가 전부다.

"사업을 하려면 취급하는 제품이 있어야 하는 것 아니겠습니까. 제품을 만들고 팔고 할 텐데, 도대체 무엇을 만들고 세상에 어떤 가치를 줘야 하나? 이에 대한 전제는 딱 한 가지라고 생각합니다. '나'를 중심으로 하느냐, 아니면 '고객'을 중심으로 하느냐입니다. 고객이 없는 내가 어디 있겠어요. 영토 없는 나라가 어디 있는가와 똑같은 말입니다. 고객이 없는 나, 고객이 없는 회사가 어디 있을까요? 고객이 가장 먼저이고 그 이상은 없다고 봐요. 아무리 생각해 봐도 고객 위에 있을 만한 것은 아무것도 없습니다. 고객보다 먼저 쓸 말이 없었습니다. 결국 '고객'이라는 용어 하나를 챙겼습니다. 사업의 첫 번째 키워드는 고객이어야 한다는 뜻입니다.

두 번째 키워드는 '감동(感動)'으로 정했어요. 사전적으로 풀이하면, '깊이 또는 크게 느끼어 마음이 움직인다'라는 뜻입니다. 처음에는 '만족'으로 할까, '감동'이라고 할까를 두고 고민에 빠졌습니다. 참고 자료를 찾아보니, 만족과 감동에 대한 예시가 있더군요.

어떤 사람(소비자)이 사과를 사 먹는데, 사과가 썩은 것을 알았습니다.

아홉 개의 성공 언어

사과를 샀던 점포로 가서, 판매자에게 그 사실을 말했어요. 상인은 별다른 토를 달지 않고, 그냥 다른 사과로 바꿔 주었습니다. 자기가 판 사과가 썩은 것이니, 바꿔 달라고 가져온 소비자에게 '그러네요. 썩었네요. 다른 것으로 가져가세요.' 하고 바꿔 주면 그냥 그것으로 그 일은 종료된 것입니다. 이때 소비자는 자신의 기본적인 목표는 달성하고 갑니다. 그걸로 끝일 뿐, 그 점포에 대해 커다란 감격은 없는 겁니다.

만약, 판매자가 이랬다면 어땠을까 하고 생각해 봅니다. '사과가 썩었어요? 정말 죄송합니다. (사과를 바꿔 주면서) 먼 길 오시느라 수고하셨으니 이 딸기 좀 드셔 보십시오.'

소비자는 기대하지도 않은 선물을 받은 셈입니다."

아쿠아픽 본사 20층에 있는 고객감동 센터

기대한 것을 그대로 받는 것은 그냥 '만족'에 불과하다. 천 원짜리 빵을 사 먹으면서, 그냥 '맛있는 빵인데' 하고 가면, 이건 그냥 '만족' 수준이다. 그러나 '감동'은 좀 다른 차원이다. 우리말로 '헉'이고, 영어로는 '와우'의 순간이고, 외침이다.

소비자가 감동해야 비로소 장기기억 속에 저장된다. 특이한 순간이기 때문이다. 판매자는 소비자의 기대를 저버리지 않도록 좋은 제품 좋은 서비스를 제공하면서, 지속적으로 잘 섬김으로써 '고객감동'의 선(善)순환 사이클이 이루어지는 것이다.
'고객만족'에 대한 이론적 설명으로써 Kano Model을 살펴보는 것도 의미 있는 일이라 생각하여 여기 소개한다.

고객만족에 대한 Kano Model

구분	내용	예시
기본적 요소 (Must-be Quality)	기본적으로 당연히 있어야 하는 품질 요소	호텔 객실의 청결 상태, 자동차 브레이크 성능
성능 요소 (Performance Quality)	품질이 향상될수록 만족도 비례하여 증가	인터넷 속도, 연비가 좋은 자동차
매력적 요소 (Attractive Quality)	없어도 불만은 없으나, 있으면 높은 만족을 줌	무료 업그레이드, 식당에서 서프라이즈 디저트 제공
무관 요소 (Indifferent Quality)	고객 만족도에 영향을 주지 않음	제품 포장 색상
역효과 요소 (Reverse Quality)	제공하면 오히려 만족도 저하 요소	과도한 기능, 잦은 알림

기본적 요소: 반드시 충족해야 하는 서비스 요소이다. 비용을 지불하는 고객이라면 당연히 기대하는 수준이므로, 이를 충족하지 않으면 심각한

아홉 개의 성공 언어

불만족을 초래한다. 예를 들면, 호텔의 깨끗한 침대, 음식점의 기본 맛과 위생 관리 등이 여기에 속한다.

성능 요소: 경쟁력을 위한 차별화 포인트이다. 고객의 기대 수준에 따라 만족 요구 수준도 비례하여 높아지므로, 지속적인 개선과 최적화가 필요하다. 예를 들면, 스마트폰 배터리 수명, 자동차의 연비 향상 등이 여기에 해당하는 요소들이다.

매력적 요소: 와우(Wow) 효과를 제공하는 포인트이다. 고객이 기대하지 않았던 추가적인 가치를 제공함으로써 감동을 주고 충성도를 높일 수 있는 영역이다. 예를 들면, 항공사에서 무료 기내 Wi-Fi 제공, 레스토랑에서 특별한 서비스 제공 등이 여기에 해당하는 것들이다.

무관 요소와 역효과 요소: 고객이 크게 관심을 두지 않는 요소에 과도한 자원을 투입하는 것은 낭비다. 그리고 때로는 오히려 고객이 불편해할 수 있는 부분들일 수 있으니, 신중하게 선택해야 한다. 격에 맞지 않은 지나친 장식, 음식에 서로 조화롭지 못한 재료를 많이 넣어 가격을 비싸게 받는 경우 등이다.

아쿠아픽 제품은 기능성 내구재이므로 당연히 A/S가 발생한다. 그런데 고객으로부터 A/S 요청이 있을 때 회사는 수리해 주지 않고, 새것으로 바꿔 주기로 방침으로 정했다. 얼마를 사용했는지에 대해 묻지도 따지지도 않는다. 인터넷에는 이에 대한 컴플레인(?) 글이 많이 돌아다닌다.

A/S 해 달라고 했는데 왜 굳이 새것으로 바꿔 주느냐는 것이다. 아쿠아픽에서는 A/S 요청을 받으면 '죄송합니다. 고객님'이라고 먼저 스스로 인정하는 것이 서비스 방침이다. 좀 더 튼튼하게 잘 만들지 못했다는 것을 회

사가 먼저 시인하는 것이다.

"손님이 잘못 사용하셨네요. 부부 싸움에 던져서 깨진 거네요. 너무 오래 쓰셨네요."라는 말은 아쿠아픽 사전에 없다. 그 대신 서비스 현장에서는 "죄송합니다. 저희가 제품을 좀 더 잘 만들었으면 좋았을걸. 잘해 보겠습니다. 잘 부탁드립니다. 금방 연락드리겠습니다." 등과 같은 멘트를 일상적으로 사용한다.

이런 경우도 있었다.

아쿠아픽 제품을 10년 썼다는 어떤 고객으로부터 특정 부분만 바꿔 주면 좋겠다는 요청을 받는 경우, 그냥 부품값만 받고 교체해 주기도 하지만 직접 방문하는 분들은 새것으로 교환해 주는 경우가 허다하다.

부분적으로 수리하거나, 교체해 줘도 괜찮은데, "불편을 끼쳐 드려서 죄송합니다."라고 응대까지 받는다면 고객이 어떻게 생각할지 짐작이 간다. 서비스 접점 상황에서, 우리 행동, 우리 서비스를 받은 고객이 감동할 것이냐 만족할 것이냐?만 생각하자는 것이 이계우 대표의 서비스 정신이요, 철학이라면 지나친 표현일까.

"고객감동 책임자라는 직함은 스스로에 대한 채찍의 도구이기도 하고, 평소 제가 정말 감동을 주는 경영을 하고 있는가?에 대해 자각하도록 하는 핵심 포인트입니다."

　　　　　　　　　　　　　　　　아홉 개의 성공 언어

03

거래처 감동_대금을 먼저 드릴까요?

고객은 당신이 무엇을 말했는지는 잊어버리지만,

어떻게 느끼게 했는지는 결코 잊지 않는다.

- 마야 안젤루 -

약육강식이 일상화되는 경쟁시장에서, 특히 갑(甲)과 을(乙)의 관계로 이루어진 거래 관계에서 갑이 을의 입장을 헤아려 배려하기란 도무지 보기 어려운 현상이다. 사실, 거의 없다고 해도 과언이 아니다. 갑이 휘두르는 것들을 보면 대개 단가 후려치기, 거래대금 지불 미루기 등이 주류를 이룬다. 을이 죽겠다고 불평이라도 할라치면 반응은 늘 한결같다.

'우리도 살아야지!'

동반성장이라는 멋진 구호는 대기업과 1차 벤더와의 관계에서나 있음직한 미사여구지 대부분 산업계에서는 딴 나라 얘기다. 구강세정제 제품을 제조 판매하는 기업인 아쿠아픽은 이 부분을 어떻게 관리하고 있는지가 자못 궁금하다.

아쿠아픽은 완제품을 제조·판매하는 업체로서 공급사에는 갑(甲)이다. 부품 공급업체 수십 개와 거래하고 있다. 작은 나사에서부터, 박스, 비닐 등에 이르기까지 파트너들로부터 원하는 시기에 원하는 품질 수준으로 조달받아야 운영되는 조직이다.

협력업체 입장에서 아쿠아픽은 발주처인데도 회사의 대금결제 처리 방식은 좀 다르다. 아니, 좀 다른 정도가 아니다. 틀 자체를 깨는 구조라서 놀랍다. 상식을 파괴하는 조직이랄까.

"물품 대금을 먼저 드릴까요?" 또는 "절반을 먼저 드릴까요?" 등 발주자가 지불 조건을 먼저 제시한다니! 먼저 주겠다는데 그걸 마다할 사람이 어디 있을까. 실제로는 대부분 선불한다고 한다. "거래처도 고객입니다. '헉'이라는 감동을 줘야 하는 대상이란 말이지요."

이계우 대표의 말에 필자들은 '헉'하고 놀라움을 금치 못했다. 대한민국에 이런 회사가 있었나?

탁월한 영업사원의 7가지 조건

영업사원은 늘 고객과의 접점에서 회사를 대표한다는 사명을 가지고 판매 활동을 하는 인력이다. 그들이야말로 고객만족의 최전선을 지키는 사람들이다. 그렇다면 영업사원을 탁월하게 만들어 주는 요소들은 무엇일까? 그들은 남들이 갖지 않은 두드러진 특성으로 고객을 감동시키고, 높은 성과를 창출하는 사람들이다. 도대체 그들에게 장착된 경쟁우위 도구가 무엇인지 먼저 알아보고, 이계우 대표는 이런 사항들을 어떻게 실천해 왔는지 살펴보기로 하자.

첫째, 고객 중심 사고(Customer-Centric Mindset)

아홉 개의 성공 언어

탁월한 영업사원은 자신의 목표보다 고객의 필요를 우선시한다. 고객이 원하는 것이 무엇인지 경청하고, 맞춤형 솔루션을 제안함으로써 고객의 잠재 욕구를 환기한다. 너무나 당연한 말 같은가? 독자께서 만일 영업사원이라면 한 번 곰곰이 생각해 보기 바란다.

둘째, 신뢰 구축(Building Trust & Relationship Management)

고객이 제품을 구매하는 이유는 제품 자체가 아니라, 판매자에 대한 신뢰가 바탕이 되어 일어나는 경우가 많다. 따라서 단기적인 성과를 위한 거래 중심의 성과보다는 장기적인 신뢰를 기반으로 하는 관계 중심의 활동에 집중해야 할 필요가 있다. 혹시 귀하는 거래계약서에 서명을 받고, 상품을 인도하는 순간 다른 고객을 찾아 나서고 있지는 않은가?

셋째, 적극적인 경청과 질문(Active Listening & Questioning)

고객이 진정으로 원하는 것이 무엇인지 정확히 이해하기 위해서는 적극적으로 경청하고, 의미 있는 질문을 던짐으로써 자연스럽게 고객의 욕구를 환기한다. 위대한 판매자는 말을 잘하는 것이 아니라, 고객에게 진정으로 귀를 기울일 줄 아는 사람이다. 잘 들어야 좋은 질문이 나오는 법이니까.

넷째, 가치 판매의 태도(Selling Value, Not Just Product)

탁월한 영업사원은 단순히 제품의 기능적 편익을 설명하는 것이 아니라, 고객이 그 제품을 통해 얻을 수 있는 가치를 강조함으로써 구매자로서의 품격을 높이는 데 집중한다. 가치 판매를 하려면 상대방의 잠재 욕구를 파악하는 데 많은 시간이 소요된다는 사실을 명심해야 한다.

다섯째, 끈기와 집요함(Persistence & Follow-Up)
탁월한 영업사원은 고객이 한 번 거절한다고 쉽게 포기하지 않는다. 단,
무작정 밀어붙이는 것이 아니라 적절한 타이밍에 맞춰 다시 접근함은 물
론, 적절한 시점에 상대방이 감동할 수 있는 결정적인 메시지를 던질 줄
안다.

여섯째, 문제 해결 능력(Problem-Solving Skills)
고객이 구매 과정에서 겪는 문제를 신속하게 해결해 주는 것도 매우 중요
한 경쟁력이 된다. 사실, 판매란 고객의 문제를 해결하는 데 도움을 주는
과정 이상도 이하도 아니다. 그러므로 먼저 상대방의 문제(잠재욕구)가
무엇인지 관찰하는 노력이 필요하다. 이때 필요한 역량이 질문력이다.

일곱째, 자기 계발과 시장 트렌드 학습(Continuous Learning & Market Aware-
ness)
탁월한 영업사원은 변화하는 시장과 고객의 니즈를 따라가기 위해 끊임
없이 학습하고 발전하는 자세를 유지하려고 노력한다.

자네, 여기서 잤어?

이계우 대표가 독일 KaVo사의 국내 영업사원으로 근무했을 당시의 스

　　　　　　　　　　　　아홉 개의 성공 언어

토리를 들어 보면 매우 흥미로운 부분이 많다. 위에서 소개한 탁월한 영업사원의 7가지 조건 중에서 어떤 부분과 매칭이 되는지 독자께서 판단해 보기 바란다.

"우리나라는 전국적으로 철도망이 잘 갖춰져 있어 웬만한 지역은 기차로다 갈 수 있잖습니까. 어떤 때는 남해나 부산에 있는 거래처에서 3만 원이나 5만 원짜리 키트 좀 줘봐라. 샘플 좀 줘 봐라 할 때가 있습니다. 영업사원에게는 그때가 기회입니다. 하찮은 거니까 다른 사람들은 우편으로 보내 주든지, 아니면 카탈로그를 보내 주거나 합니다. 그런데 저에게는 그게 기회로 보였습니다. 새벽 첫 열차 타고 내려가든가, 아니면 0시나 새벽 1시쯤에 출발하는 열차를 탑니다. 기차가 부산역에 도착하면 새벽 6시쯤 되는데, 아침에 사우나 갔다 오고 해장국을 먹지요. 그리고 나서 병원문 열기 전에 문 앞에서 기다리고 있는 겁니다."
전화 받은 시점이 전날 저녁이었는데, 다음 날 아침에 와 있다니! "(의사가 놀라면서) 어, 자네 혼자 왔나?"
"네, 전화 받고 왔어요."
"내가 어제 전화했는데 왜 이렇게 이른 아침에 왔는가?
(의사가 황당해하며) 자네 여기서 잤어?"
"아니에요. 원장님. 오늘 새벽 한 시 기차 타고 내려왔습니다."

이런 게 자세(attitude)라는 거다. 거래처 고객이 싫어할까? 속으로 놀라워하리라 생각한다. 이런 자세가 바로 영업사원의 차별적 역량이다.

누님, 한 번만 사 주십시오

또 하나 의미 있는 사례가 있어 소개해 본다.

"경기도 구리에도 저희 거래처가 있었는데, 원장이 여성분이었습니다. 아마도 열두세 번은 갔을 겁니다. 그런데도 원장이 구매 결정을 해 주지 않아요. 구매 의사 표시를 하지 않으니, 낮에 갔다 오고 또 갔다 오고… 대여섯 번 왕래했더니, 부장님과 사장님이, 그런 데는 열 번을 방문해도 견적만 보고 안 살 수 있으니까, 에너지·시간 낭비하지 말고 그만두는 게 좋겠다는 겁니다.

거기 영업 간다고 보고 하면 몇 번째 가는 거냐고 따지듯 묻습니다.

'거기 지금 두 달 동안에 일곱 번 여덟 번은 간 것 같은데, 지난주에도 갔다 오지 않았어?'

예. 맞습니다.

'뭐라고 그러던?'

견적 달라고 해서 갖다주고. 좀 수정해서 주고, 왔다 갔다 지금 일곱 번째, 여덟 번째입니다.

'낮에 구리까지 갔다 오려면 반나절은 걸릴 텐데, 가지 않는 게 좋겠어.'

알겠습니다 하고는, 다음부터는 우리 회사에 염려와 부담을 주지 않으려고 방문 시간을 변경하기로 했어요.

'원장님 지금은 좀 바쁘실 테니, 제가 아침 이른 시간이거나 조금 늦은 시간에 방문해도 괜찮겠습니까?'

저쪽에서 다음과 같은 응답이 왔습니다.

'아니야 저녁 때 와. 우리 야간 진료하는 날이 몇 월 며칠인데 그때는 와

　　　　　아홉 개의 성공 언어

도 돼.'

야간 진료소를 가면 저녁 8~9시 되는 겁니다. 그때는 직장인들을 위해 야간 진료도 하고 그랬어요.

그러다가 어느 날 기어이 제품 판매에 성공했습니다.

다음 날 사장님이 날 부르시더니 묻더군요.

'이계우, 너 거기 가서 어떻게 했냐?'

네, 영업 잘하고 구매하기로 결정했습니다. 왜 그러십니까?

'내가 어제 그 원장님이랑 통화를 했는데 이계우 씨가 그쪽 회사에 근무하는 사람 맞냐고 해서 깜짝 놀랐지!'

마지막에 어떻게 했냐면, 제가 20대 후반이고 그 원장이 나보다 한 6살은 많은 것 같았어요. 30대 중반쯤 돼 보였는데 살까 말까 망설이는 중에 어떻게 하시겠습니까?

그랬더니 (원장이) '내가 생각해 볼게' 하면서 또 망설이는 것 같길래 한 열 번 정도 만나면서 친해지기도 했겠다, '누님, 한번 사 주십시오'라고 했지 뭡니까.

그랬더니 원장이 막 웃어요.

10% 추가 할인해 드리겠습니다.

'그럼 놓고 가!'

제가 회사로 오는 도중에 원장이 우리 사장님한테 전화를 한 겁니다. 우리 회사를 잘 아는 원장인데, 맨날 견적을 넣기는 하는데 사지도 않고, 우리 회사로서는 C급 고객인 거예요. 막상 구매해도 양이 아주 조금이리는 겁니다. 별로 영양가 없는 거래처라고 할 수 있겠지요.

(원장이) '이계우 씨가 거기 근무하는 사람 맞냐?'라고 하길래, (우리 회사

사장이) '그렇다'고 하니까 '자기가 뭔가에 홀린 것 같다'라는 겁니다. 이걸 사야 하나 말아야 하나 고민하다가 순간적으로 구매를 결정하게 되었답니다.

결국은 30% 이상 할인해 주고 팔았지 뭡니까."

아니, 서울 갔다 벌써 온 거야?

"이번에는 어느 지방 치과대학에 20억 원짜리 납품 프로젝트에 얽힌 이야긴데요, 어림잡아 방문차 40번은 내려갔을 겁니다. 학교와 가까운 지방 역까지 첫 기차 타고 가면 8시나 9시에 도착해요. 담당 교수가 나오기 전부터 문 앞에 기다렸다가 원하는 걸 딱 건네주면 검토해 보고는,

'자네, 이거 좀 보완해 줘.'

네 알겠습니다.

요구사항을 받자마자 재빨리 서울로 옵니다. 사무실이 서울역 앞에 있었거든요. 회사에서 신속하게 수정하고, 자료 준비하여 다시 열차 타고 내려가면 그분들 퇴근하기 전에 챙기고 갈 수 있었습니다.

마치 전광석화 같다고나 할까. 상대방이 놀랍다는 반응을 봅니다.

'아니, 자네 서울에 갔다가 벌써 왔어?'

아, 예

'그거 내일까지 해도 되는데…' 오히려 상대방이 귀찮다는 반응을 보일 때가 있지만 나는 그러거나 말거나입니다.

40번을 왕래한다는 게 말이 됩니까? 보통 입찰에 참여하는 업체 사람들

은 고작 두세 번 정도 내려갑니다.

경쟁사들 세 군데가 붙었어요. 그중 우리가 제일 비싸게 냈습니다. 저희 회사(KaVo) 제품이랑, 국산 거 있고, 미제(美製)가 있었어요. 그런데 결국 교수들이 다 우리(KaVo)를 민 거예요.

'야. 이거 이계우, 저 친구한테 주자.' 이렇게 된 겁니다.

40번 방문하는 과정 중에는 이런 경우도 있었어요.

'어이, 이거 갖고는 안 된다니까 좀 보완해서 다시 갖다줘.'

저녁 5~6시에 내려갔다가 회사에 오면 밤 9~10시가 넘는단 말이에요. 그럼 서울역 사무실에서 작업하면 밤 12시나 다음 날 새벽 1시에 끝나요. 집에 와서 잠깐 눈붙이고 옷 갈아입고 새벽 4~5시에 열차 타고 아침 8~9시까지 갖다줍니다.

내가 교수라고 해도 야, 이 친구한테 줘야겠구나 그러지 않을까요?"

고객의 이해를 구하지 마라

사람이 살다 보면 자기도 모르게 실수를 할 수도 있고, 본의 아니게 잘못도 할 수 있는 법이다. 물론 너무 바빠서, 깜빡해서, 착각해서, 몰라서 등으로 우리의 잘못과 실수에 대해 사과하거나, 변명을 할 수도 있을 것이다. 그렇다고 그런 오류들을 합리화의 대상으로 삼으려는 자세는 오늘날의 긴박하고, 경쟁이 날로 심화하는 시장 상황에서는 선득력이 약하다.

선진국 대열에 합류했다는 대한민국은 이제 어느 정도 고객만족 서비스가 정착한 듯하나, 정작 깊이 들여다보면 부족한 현장들을 너무 많이 만난다. 더 심각한 것은 낮은 서비스 수준이 매출에 부정적 영향을 미치고 있다는 것을 모르고 있다는 것이다. 이계우 대표는 이 부분을 어떻게 인식하고 있으며, 실행하고 있을까?

"벌써 20년 전 애긴데, 사업 초창기 때 고객이랑 어떤 샤브샤브집을 갔어요. 앉아 있는데 손님 일행이 옆 테이블에 앉더라고요. 그런데 5분이 지났는데도 그 테이블은 세팅을 안 해 주는 겁니다. 늦게 온 테이블에서는 물 끓이고 샤브샤브 올려놔 주는데 말입니다.
그네들은 벌써 5~10분 동안을 하염없이 기다리고 있었거든요.
일행 중 한 사람이 참다못해 여기요 하더니, 우리가 먼저 왔는데요라는 겁니다. 그런데 이 종업원이 뭐라고 했냐면, 고객님 이해 좀 해 주세요. 지금 사람이 너무 많아서 제가 정신이 없거든요 라고 합니다. 그런 대응 태도에 일행 중 한 사람이 열을 받았는지, 내가 당신들 이해해 주려고 여기 온 줄 알아요 하더니 그냥 나가 버리는 겁니다. 여기서 많은 걸 배웠어요."

　정말 그렇다. 고객은 우리를 이해해 주려고 준비된 존재가 아님에도, 서비스를 공급하는 편에서는 여러 가지 이유를 들면서 변명의 태도를 보이는 것은 좀 안타까운 일이다. 시스템의 문제인지, 사람의 문제인지를 분석하여 해결해야 할 부분이다.
앞의 사례의 경우, 고객 중심적인 사고로 무장되었다면, 아이구 제가 실수했네요 라고 해야 마땅하다. 먼저 잘못을 인정하는 것이 순서다. 그다음 고객님 정말 죄송해요. 제가 라면 사리 하나 더 드리겠습니다, 콜라도

　　　　　　　　　　　　　　아홉 개의 성공 언어

하나 드릴게요라고 한다면 끝내주는 대응인데 그게 잘 안되는 모양이다. 한 수 위 대응 전략을 생각한다면, 정말 죄송합니다, 고객님 콜라 한 잔 먼저 드시고 계세요 하고 사장한테 전후 상황을 전달한다. 사장이 와서는 손님 정말 죄송합니다. 고기 좀 더 드릴게요, 야채 한 번 더 드리겠습니다 라고 대응하는 것이다.

통계적으로 보면 불만 고객의 95%는 말없이 사라진다. 5% 정도가 불만을 토로하는데, 어쩌면 불평하는 고객이 고마운 고객일 수 있다. 우리가 무엇이 부족한지에 대해 알 수 있도록 환기시켜 주는 집단이기 때문이다. 순간순간의 상황을 어떻게 하느냐에 따라 충성고객이 되기도 하고, 영원히 사라지는 고객이 될 수도 있음을 명심할 일이다. 결국 고객이 최고의 영업사원이 되도록 하는 전략이 필요하지 않을까. 경제 상황이 엄중한 이 시대다. 살아남는 저마다의 비법을 개발하라.

어느 때보다도 고객 체험이 중요시되고 있다. 고객 체험(Customer Experience)이란, 고객이 제품이나 서비스를 접하는 전 과정에서 느끼는 인식, 감정, 반응의 총합을 의미한다. 이는 브랜드의 첫인상부터 지속적 관계 형성까지 영향을 미치며, 충성도와 재구매율에도 크게 영향을 미친다는 사실에 주목해야 한다. 따라서 좋은 체험은 만족도를 높이고 입소문을 유발함으로써 기업의 이미지와 평판에 긍정적인 영향을 미치는 데 절대적인 역할을 한다.

아구아빅에서는 고객 체험을 어떻게 관리하고 있는지에 대해 이계우 대표의 생각을 정리해 본다.

"일전에 CS 팀원 중 한 사람이 '대표님, 고객이 지나치게 컴플레인 하는데 고객이 잘못되면 잘못됐다고 말해야 되는 거 아닌가요? 그러니까 우리 쪽에서도 좀 항변해도 되지 않나요?' 하는 겁니다.

그런 사람이 분명히 있습니다. 사실 따지고 보면 불량 고객인 거죠. 실제로 이런 경우에는 저희가 고객에게 딱 부러지게 한마디 해야 맞는 겁니다. 그런 의미에서 CS 팀원의 하소연이 결코 틀린 것이 없습니다. 충분히 이해합니다. 그런데 제 얘기는 '그럼에도 불구하고'입니다. 그게 바로 Good to Great(좋은 것을 넘어 위대함으로!) 정신이라고 생각합니다.

제 생각은, 우리가 잘못해서가 아니라 고객에게 불편을 끼쳐 드린 것이 죄송한 겁니다. 딱 그겁니다. 그러니까 고객 입장에서 자신이 원하는 거 해결해 달라고 하기 전에 '고객님 저희가 신속하게 처리해 드리겠습니다' 라고 하자는 얘깁니다. 거기다가 'ㅇㅇ선물을 더 드리겠습니다'라고 말씀 드리도록 합니다. 고객은 자신이 원하는 것만 해결되길 기대하고 오잖아요. 그런데 예기치 않게 뭔가 하나를 더 받게 되면 마음속으로 감동하게 됩니다. 그걸 놀라운 체험(오 마이 서프라이즈!)이라고 하지요. 오기 전에 휘어졌거나, 구겨진 마음이 펴지는 거 아니겠습니까? 이런 체험은 누구나 한 번쯤은 해 보았을 겁니다. 컴플레인을 해야겠다고 마음먹은 고객은 누구나 약간씩은 긴장 상태에 있습니다. 그걸 우리 쪽에서 먼저 풀어 주는 것이 바로 서비스의 힘이 아닐까요?

나는 믿습니다. 그들이 결국은 우리 편이 된다는 것을."

   아홉 개의 성공 언어

브랜드

브랜드가 도대체 뭐길래

성공적인 브랜드는 상품을 판매하는 것이 아니라,

이야기를 판다.

- 세스 고딘 -

브랜드와 관련하여 재미있는 에피소드가 있다. McDonald(맥도널드) 가게 옆에 DonaldMc(도널드맥)이 있는데, 이곳에서는 똑같은 햄버거를 10% 낮은 가격으로 판매하고 있다. 과연 손님은 어느 쪽 가게를 선택할까? 독자 같으면 어떤 선택을 하겠는가?

McDonald를 선택하는 사람이 압도적이란다. 브랜드에 대한 신뢰 때문이다. 이런 현상은 비단 브랜드 세계에서만 적용되는 것이 아니다. 사람을 선택할 때도 비슷한 경향성을 보인다. 우리는 자주 본 사람, 전에 한번이라도 만나서 얘기를 나눠 본 사람에게 상대적으로 호감을 갖는다. 이 개념은 심리학자 로버트 자이언스(Robert Zajonc)가 주장한 것으로써 우리가 특정한 사람, 사물, 또는 개념에 반복적으로 노출될수록 그것을 더 긍정적으로 평가하게 된다는 원리이다. 그는 그 근거로 몇 가지를 제시하고 있다.

첫째, 안정감과 예측 가능성

사람은 불확실성을 줄이고 익숙한 것을 선호하는 경향이 있다. 익숙한 사람은 이미 알고 있는 정보가 많아 예상할 수 있어 심리적 안정감을 준다.

둘째, 친숙함이 신뢰로 연결된다.

낯선 것보다 익숙한 것이 더 안전하다고 느껴지기 때문에, 반복적으로 접하는 사람에게 신뢰가 형성된다.

셋째, 감정적 연결의 형성

자주 보는 사람과 더 많은 경험을 공유할 가능성이 커지고, 이는 자연스럽게 긍정적인 감정을 형성하는 데 영향을 준다.

이런 이유로 회사에서는 기를 쓰고 브랜드를 노출시키려고 노력한다. 보이지 않으면 잊히기 마련이니까.

그렇다면 브랜드는 어떻게 형성되고, 발전하는 것일까? 가상적인 스토리텔링을 통하여 구체적인 전개 과정에 대해 살펴보도록 하자. 작은 커피숍 브랜드 스토리를 가정하여 내용을 전개해 보겠다.

라라의 카페 이야기

도시의 작은 골목길, 낡은 벽돌 건물 사이에 자리 잡은 라라의 카페(LaLa's Cafe)라는 작은 커피숍이 있었어. 처음 이곳을 연 주인 라라는 단순히 커피를 판매하는 것이 아니라, 사람들이 편안함과 따뜻함을 느낄 수 있는 공간을 만들고 싶었지.

첫째, 브랜드는 '정체성'에서 시작된다.

라라는 고민했어. "사람들이 왜 내 가게를 찾아올까?"

그는 자신이 좋아하는 느리지만 정성스러운 핸드드립 커피를 떠올렸어. 기계가 아닌, 사람의 손길로 한 잔 한 잔 정성껏 내려주는 커피. 그래서 브랜드의 핵심 메시지는 '천천히, 깊이, 진짜 커피를'로 정했어.

둘째, 브랜드는 '차별성'이다.

라라의 카페가 있는 거리에는 이미 많은 커피숍이 있었어. 스타벅스도, 트렌디한 카페도.

하지만 라라는 남들과 다르게 '하루 100잔만 판매하는 커피숍'을 만들었어. 왜냐고? 라라는 고객 한 명 한 명과 대화를 나누고, 커피 한 잔을 정성껏 내려주는 경험을 제공하고 싶었거든. 이 독특한 접근 방식 덕분에, 사람들은 단순한 커피가 아니라 주인의 철학을 경험하러 찾아왔어.

셋째, 브랜드는 '약속'이다.

라라는 고객들에게 약속했어.

"이곳에서는 급하게 커피를 마시지 마세요. 느긋하게 앉아 향을 맡고, 이야기를 나누고, 온전히 한 모금을 즐겨 보세요."

그는 이 약속을 지키기 위해 테이크아웃 서비스를 제공하지 않았어. 오직 매장에서만 커피를 마실 수 있도록 했지. 이 정책은 호불호가 갈렸지만, 라라의 브랜드 철학을 더욱 굳건하게 만들었어.

넷째, 브랜드는 '감정적 연결'이다.

추운 겨울 어느 날 한 단골손님이 말했어.

"이곳에 오면 내 하루가 달라져요. 커피 한 잔을 마시면서 마음이 정리되는 기분이 들거든요."

이 순간, 라라는 깨달았어. 사람들은 단순히 커피를 사러 오는 게 아니야.

아홉 개의 성공 언어

이곳에서 '쉼(휴, 休)'을 얻으러 오는 거야.

라라는 자신의 브랜드가 단순한 커피숍이 아니라, 사람들에게 여유와 따뜻함을 주는 공간이라는 걸 확신하게 됐지.

다섯째, 브랜드는 '일관성'이다.

몇 년이 지나고, 라라의 커피숍은 점점 유명해졌어.

사람들은 라라의 브랜드 철학을 좋아했고, SNS에도 많이 공유했어. 그래도 라라는 유혹에 흔들리지 않았어.

메뉴를 다양하게 늘리지도, 급하게 확장하지도 않았어.

왜냐하면, 그의 브랜드는 '천천히, 깊이, 진짜 커피를'이라는 본질을 유지해야 했으니까.

결국 브랜드란 무엇인가?

라라의 커피숍이 성공할 수 있었던 이유는 그의 브랜드가 단순한 커피 한 잔이 아니라, 사람들이 체험하고 공감할 수 있는 철학이었기 때문이야.

브랜드의 본질은 바로 '사람들의 마음속에 남는 체험과 의미'라는 것이지. 어때, 라라처럼, 너만의 브랜드 스토리를 만들어 보지 않을래?

아쿠아픽 브랜드의 기나긴 여정

제품은 공장에서 만들어지지만,

브랜드는 소비자의 마음속에서 만들어진다.

- 월터 랜드 -

중소기업으로서 브랜드 아이덴티티를 갖는 것은 참으로 어려운 일이다. 대기업이야 오랜 역사 속에서 이미 기업이미지가 형성되었기 때문에 그 자체가 브랜드가 되어 소비자들에게 자연스럽게 신뢰를 준다. 그만큼 마케팅에 유리할 수밖에 없다. 그게 바로 브랜드 자산가치(brand Equity)이다. 반면, 중소기업은 브랜드를 만들어도 포지셔닝을 구축하기가 하늘의 별 따기처럼 힘든 것이 현실이다. 브랜드 마케팅에 쓸 돈이 절대적으로 부족하기 때문이다.

그렇다면 오늘날 국내 구강 세정기 시장에서 70~80%의 시장점유율을 차지하고 있는 아쿠아픽이라는 브랜드는 어떻게 독보적인 자리를 차지하게 되었을까? 그 여정을 따라가 보면 이계우 대표의 브랜드 철학을 엿볼 수 있을 것으로 기대한다.

아홉 개의 성공 언어

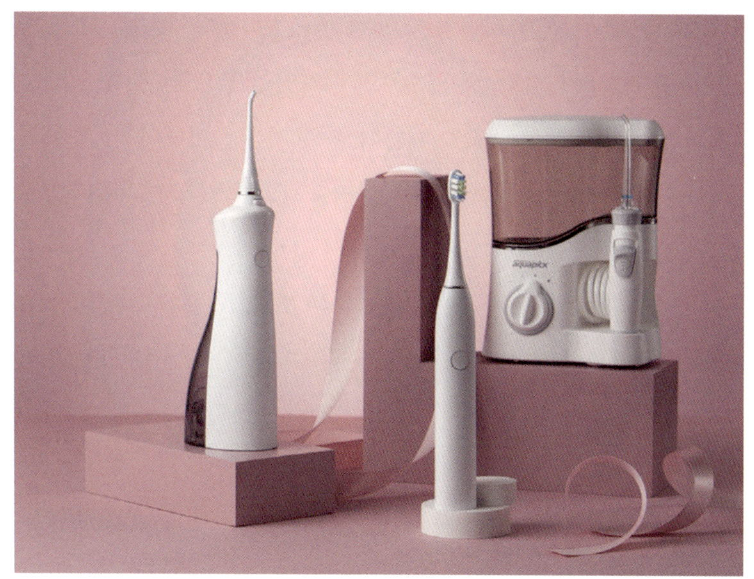

아쿠아픽 구강세정기 대표 모델

곧 죽어도 브랜드다!

"브랜드의 중요성에 대해서는 창업 초기부터 인식하고 있었어요. 동종 유사 제품들이 수없이 쏟아지는 오늘날은 제품 자체보다 브랜드가 결국 마케팅 포인트가 되어야 합니다. 제품 관점에서 접근하여 소비자들의 신뢰를 얻으려면 직접 사용하도록 해야 하는 과정을 거쳐야 합니다. 그게 얼마나 어려운 길입니까? 그러나 브랜드는 다르거든요. '브랜드 = 신뢰'이기 때문입니다. 그러므로 일단 시장에서 포지셔닝이 확보된 브랜드는 굳이 소비자들을 실득할 필요가 없게 됩니다. 이게 바로 브랜드 파워입니다."

2001년 창업 당시는 인터넷이 막 시작되는 시기였다. 이계우 대표는 온라인을 통해 아쿠아픽(Aquapick) 로고 디자인을 공모했다. CI·BI[16]에 대한 개념을 정확히 알고 있었기 때문에 회사 이름도 아쿠아픽, 제품 브랜드도 아쿠아픽으로 통일함으로써 시너지를 내야 한다고 생각했다.

"하나로 합쳐라."

나이키는 나이키(회사 이름)고, 코카콜라는 코카콜라(회사 이름)다. 그런 개념을 기반으로 하여, 이 대표는 대만에서 제품 제조를 아웃소싱하고 아쿠아픽 브랜드 마케팅을 시작했고, 지금까지도 역시 아쿠아픽이다.

2001년도 당시 창업 첫해에 브랜드 제작비로 한 천만 원쯤 쓸 계획을 하고 있었다. 인터넷에 브랜드 공모를 올렸더니, 어떤 대기업에서 디자인 부서 팀장이라는 사람이 아르바이트로 제작 공모에 참여했단다.

"300만 원으로 공모를 냈습니다."

디자인 전문 회사에 맡기면 한 1천만 원은 요구할 것 같아서, 그냥 한번 공지했는데, 120~30개가 올라온 것이다. "aqua에 pick, 구강세정기, 오랄케어 등 뭐 이런 식으로 해서 카테고리를 주고 1등에게 300만 원 주겠다고 했는데, 며칠 사이에 이렇게 많이 올라왔지 뭡니까."

그중에서 딱 하나 택한 것이 오늘날 아쿠아픽 로고 원조가 된 것이다. 그 후에 200만 원 더 주고 조금 수정하여 지금의 아쿠아픽 로고가 되었다.

"그걸 24년 동안 한 번도 안 바꾸고 사용하고 있습니다. 처음에는 로고 칼

---

16) CI(Corporate Identity)는 기업 자체의 정체성과 이미지를 통합적으로 표현하는 개념이며, BI(Brand Identity)는 특정 브랜드(제품·서비스)의 개성과 가치를 시각적·언어적으로 표현하는 개념이다.

아홉 개의 성공 언어

라가 투톤(two tone)이었는데, 지금은 한 톤입니다.”

　브랜드 로고를 만드는 것과 시장에 포지셔닝 하는 것은 전혀 다른 차원의 문제이다. “그야말로 돈 먹는 하마요, 가시밭길이지요. 그러나 예컨대 사과 장사를 오래 할 건데, 그러려면 사과를 떼다 파는 것도 좋지만 일단은 사과나무를 심어 놓고 사과를 파는 것과 지금 편하려고 그냥 가는 것과는 나중에 엄청나게 차이가 날 거라는 생각을 했습니다.“
브랜드를 키우는 것은 나무 심고 가꾸는 것과 똑같다. 심고, 물주고, 가지 치고, 가꾸고…
”사람들은 대부분 이렇게 생각합니다.
‘그걸 그냥 청과물 도매상에 가서 트럭 2대에 귤과 사과 싣고 와서 팔면 그래도 한 500만 원 남기는데, 너는 뭐 허구한 날 묘목 2천 원짜리 사서 그거 심느라고 낑낑대고 땡볕에서 뭐 하고 있냐’는 거예요. 그런데 묘목을 심은 사람은 6~7년 지나면서 하루에 1천만 원씩 수확합니다. 사과나무를 심은 사람과 청과물 시장에서 떼다 판 사람의 차이는 어마어마하게 다르게 나타납니다. 그냥 돈 버는 장사꾼이 되겠느냐, 네가 기업을 일구겠느냐 이것을 스타트할 때 결정해야 합니다.“

　남의 물건을 가져다 파는 경우라 하더라도 브랜드 전략을 아는 것과 모르는 것은 천양지차다. 무슨 얘기냐면, 로고·상표와 카테고리 등록을 하고 모든 마케팅 활동에 그 로고가 들어가 있어야 한다. 광고 전단지에, 카탈로그에, 제품에, 박스에, 명함에…, 그걸 지속적이며 다양하게 활용하도록 해야 한다. 마치 사과나무에 물 주고, 거름 주고, 벌레 잡아 주고, 햇빛

주는 것과 똑같다. 그만큼 공을 많이 들여야 한다는 뜻이다.

"다행히 저는 2001년도에 창업할 때부터 그런 기본적인 생각이 있었습니다."

성장기

"브랜드를 키울 것인가, 단기적 돈벌이에 집중할 것인가? 사실, 후자에 대한 유혹이 컸습니다. 저걸 하면 10억 벌 수 있는데…, 저것은 20억 짜리인데…, 다 보입니다. 저는 훤히 보입니다. 세상에 굴러다니는 금싸라기들이 다 보인단 말입니다. 그냥 농담으로 하는 소리가 아니라, 정주영·이병철 회장과 같은 분들이야 워낙에 대가들이라, 그분들은 돈이 다 보인다면서요. 사업 조금 하는 사람들은 돈이 다니는 길이 훤히 보이는가 봅니다. 저 역시 약간이나마 그렇습니다.
저거 갖다 팔면 돈이 된다는 것을 알면서도 절제하면서 내 브랜드를 키워 가야 했습니다. 남의 물건 가져다 파는 것은 남의 브랜드를 키워 주는 거니까요. 그게 싫었던 거지요.

결국은 2024년 독일에서 열린 세계 최대 치과의료기기 전시회(IDS, International Dental Show)에서 오랄케어 부스 중 우리가 제일 컸어요. 독일 최대 전시회에서 필립스보다 부스가 더 컸거든요. 전시회에서 부스의 크기는 그 기업의 규모를 상징합니다. 그게 바로 브랜드 파워를 말해 주

아홉 개의 성공 언어

는 겁니다.

우리 부스가 메인 센터에 들어간 것을 보고 바이어들이 깜짝 놀랐을 거예요. 그리고 아마 우리 경쟁자들도 그랬을 거고요. 부스가 정말 중요하다는 걸 알기 때문입니다. 이건 또 전시에 관련된 특별한 얘기인데요. 전시, 정말 잘해야 해요. 전시회를 통해서 바이어 유치하는 것도 중요하지만, 현재 바이어를 계속 유지하도록 하는 것도 부스가 주는 효과입니다. 부스가 갈수록 꼬질꼬질하잖아요. 그러면 현재의 바이어도 떨어져 나가기 시작합니다. 부스가 빵빵해야 해요. '우리 본사가 잘한다.' 이렇게 해야 바이어 입지가 탄탄해지고, 성장할 수 있는 겁니다."

브랜드 집중화 전략

오늘날은 만드는 게 문제가 아니라, 마케팅을 어떻게 할 것인가가 문제가 되는 시대다. 무슨 얘기냐면, 생산을 하고 품질 수준을 유지하는 데 필요한 기술력은 특수한 경우가 아니면 거의 다 비슷한 수준이라는 거다. 문제는 만든 제품을 어떻게 잠재소비자들과 연결할 것인가 인데, 그 중심에 브랜드가 있다. 특히, 스타트업 기업 조직의 경우 제품개발에 매달리는 경향이 많은데, 어쩌면 그들이 개발하려고 애쓰는 대다수 제품은 이미 누군가에 의해 개발된 것일 수 있다. 예를 들어, 콜마 같은 ODM(Original Development Manufacturi-ng)[17] 전문기업은 그런 애로를 해결하기 위해

---

17) 의뢰받은 브랜드(발주사)의 콘셉트나 요구사항에 맞춰 제품 기획·연구개발·생산까지 담당하는 방식임.

5분 대기조처럼 출동 준비를 하고 있으니, 기술이 없다고 좌절할 일이 아니란 뜻이다.

개발과 생산을 아웃소싱하고 브랜드 마케팅 전략으로 시장을 돌파하는 방식은 매우 현실적이고 효과적인 전략이 될 수 있다.

나이키는 자체 공장을 거의 운영하지 않고, 신발 제조를 외주(OEM) 처리하면서 브랜드와 마케팅에 집중하는 대표적인 기업이다. Just Do It 같은 강력한 메시지와 스포츠 스타를 활용한 마케팅으로 세계적인 브랜드를 구축한 것이다. 이처럼 자체 제조 능력이 없어도 브랜드 스토리, 포지셔닝, 마케팅으로 차별화하면 충분히 성공할 수 있다는 것을 보여 주고 있다.

이계우 대표가 눈여겨본 것이 바로 그 지점이다. 나이키(회사명)는 운동화를 파는 게 아니라, 나이키(브랜드)를 팔고, 스타벅스(회사명)는 커피를 파는 게 아니라 스타벅스(브랜드)를 팔고, 코카콜라(회사명)는 청량음료를 파는 것이 아니라 코카콜라(브랜드)를 판다.

그렇다면 아쿠아픽(회사)은 구강 세정기를 팔 것이 아니라, 아쿠아픽(브랜드)을 팔면 되는 것이다. 이게 바로 브랜드 마케팅의 핵심이다. 오늘날 대표적인 회사로 급부상하고 있는 회사가 바로 샤오미이다. 샤오미는 직접 공장을 운영하지 않고, 폭스콘(Foxconn), 윙텍(Wingtech) 등 외부 제조업체를 활용하여 비용 절감뿐만 아니라, 빠른 제품 개발과 출시 가능한 구조로 운영되고 있다. 눈여겨볼 만하다.

　　　　　　　　　　　　　　　　아홉 개의 성공 언어

이계우 대표가 일갈한다. "가장 답답한 사람은 A부터 Z까지 자기가 다 하려고 하는 사람입니다. 기술을 꽁꽁 숨겨 놓고, 절대 비밀이라고 감싸 안고 있는 것이야말로 참으로 어리석은 일이라고 생각합니다.

또 다른 부류가 중국 전시회 안 나가려고 하는 사람입니다. 혹시 기술을 카피 당할까 봐서 그렇다는데, 알려고 마음먹으면 다 알아요. 대단한 것도 아니면서 그럽니다. 그리고 중국 전시회에 가더라도 중국 사람들한테 샘플을 안 판다는 겁니다. 참 답답해요. 그럴 거면 중국에 왜 갑니까?

저는 중국 사람들에게 전시회 현장에서 3일 동안 현금으로 1억 원어치 팔았어요. 모방이 무섭다구요? 그러면 우리는 그들보다 빠르게 다른 디자인으로 론칭시키면 되는 거 아닌가요? 그러면서 계속 발전하는 겁니다.

브랜드에 포커싱하고, 웬만한 것은 아웃소싱이나 제휴를 통해서 시장을 개발하면 되는 거예요. 변화가 초고속인 시대인데 어느 세월에 자체 생산합니까?"

03

브랜드 유지를 위한 전략적 접근

당신의 브랜드는 하루아침에 만들어지지 않는다.

하지만 하루아침에 무너질 수 있다.

- 하워드 슐츠 -

브랜드는 키우기도 어렵지만, 이루어 놓은 것을 지속적으로 유지하고 발전시키는 것 역시 쉬운 일이 아니다. 이는 자산을 쌓는 것보다 지키는 것이 더 어렵다는 말과 같은 맥락이다. 애써 구축한 브랜드 자산을 어떻게 유지하고 관리할 것인가를 전략적 관점에서 정리해 본다.

브랜드를 성공적으로 유지하기 위해서는 단순한 마케팅 차원을 뛰어넘는 일관된 가치 제공, 고객과의 지속적인 관계 형성, 시장 변화에 대한 적응력 강화 등이 절대적으로 필요한 과제이다. 이에 대한 구체적인 방법은 다음과 같이 정리할 수 있겠다.

브랜드 정체성(Identity)을 유지할 것

첫째, 일관된 브랜드 메시지를 유지한다. 브랜드의 핵심 가치(미션, 비전, 철학)를 일관되게 전달해야 한다. 브랜드 슬로건, 로고, 색상, 디자인

아홉 개의 성공 언어

등 브랜드 요소를 통일감 있게 유지하는 것이 중요하다.

코카콜라는 100년 넘게 '행복과 공유'라는 브랜드 메시지를 유지하고 있다.

둘째, 브랜드 핵심 가치와 행동을 일치시킨다.

브랜드가 전하는 가치와 실제 행동이 일치해야 신뢰 형성이 가능하다.

이는 일관성과 정렬성(consistency & alignment)이 문제이다.

애플은 2000년대 초부터 'Simplicity(단순함)'를 핵심 가치로 유지하고 있으며, 'Think Different(다르게 생각하라)'라는 슬로건을 바탕으로 혁신적인 브랜드 이미지를 지속적으로 강화하고 있다.

고객 경험(Experience)을 강화할 것

첫째, 일관된 브랜드 경험을 제공한다. 고객이 어떤 경로에서 브랜드를 접하든 동일한 느낌을 받도록 해야 한다. 매장, 온라인, 소셜미디어, 고객 서비스 등에서 일관된 톤과 분위기를 유지하는 것이 중요하다.

이케아(IKEA)는 '제품 디자인의 일관성(조립식 가구, 스칸디나비아 스타일, 저렴한 가격)'이라는 브랜드 정체성을 유지하고 있으며, 어디서나 똑같은 쇼룸과 동선 설계(미로형 구조)를 통하여 브랜드 경험을 통일하고 있다. 더 나아가 가구를 직접 조립하도록 유도해 고객이 브랜드 경험(DIY, Do It Youself)에 참여하도록 한다.

둘째, 고객 감동을 통하여 브랜드 충성도를 강화한다.

단순한 제품 제공을 넘어 고객에게 감동을 주는 서비스 제공.

로열티 프로그램 운영, VIP 서비스, 맞춤형 고객 경험을 강화함으로써 고객감동을 환기하고, 브랜드에 대한 충성도를 높인다.

시장 변화에 적응(Innovation & Flexibility)할 것

첫째, 트렌드 변화에 맞춘 유연한 브랜드 전략을 수립한다.

브랜드 정체성을 지키되, 시대 변화에 맞게 적응하는 것이 중요하다. 새로운 기술, 소비자 니즈 변화, 글로벌 트렌드에 어울리는 브랜드 전략이 필요하다.

넷플릭스는 DVD 대여 서비스에서 스트리밍으로 사업을 전환하여 브랜드를 유지하고 있는 것으로 알려져 있다.

둘째, 지속적인 제품/서비스를 혁신한다.

브랜드를 유지하기 위해서는 기존 제품만으로는 절대적으로 부족하다. 새로운 제품, 기능, 서비스를 추가하여 브랜드 신선도를 유지해야 할 것이다.

나이키는 운동화뿐만 아니라 피트니스 앱, 스마트웨어 등으로 브랜드 확장에 힘쓰고 있다.

브랜드 커뮤니티와 고객과의 소통을 강화할 것

첫째, 브랜드 커뮤니티를 구축한다. 충성 고객과 브랜드 간의 강한 연결을 만들기 위해 커뮤니티를 운영할 것을 권장한다. 온라인 포럼, SNS 그

 아홉 개의 성공 언어

룹, 멤버십 프로그램 등을 활용함으로써 고객들끼리 유대를 강화하는 것
이다.

　할리데이비슨은 HOG(Harley Owners Group) '멤버십 프로그램'으로
유명하다. 1983년에 시작된 HOG는 세계 최대의 모터사이클 브랜드 커
뮤니티 중 하나로, 할리데이비슨 오너들만 가입할 수 있다. 이 프로그램
은 단순한 멤버십이 아니라, 브랜드 팬덤을 형성하는 핵심 수단이 되고
있다.

둘째, 고객 피드백을 적극적으로 반영한다.

고객 의견을 듣고, 이를 브랜드 전략에 반영하도록 하는 방식이다. 리뷰,
SNS 댓글, 설문조사 등을 활용하여 정기 및 수시로 고객의 니즈를 분석하
여 제품개발 및 서비스전략에 반영하도록 한다. 그 결과, 2013년에는 고
객 시청률을 분석하여 '하우스 오브 카드'[18]를 자체 제작하여 큰 성공을
거두기도 하였다.

---

18) 　미국 정치계의 음모와 권력 싸움을 그린 드라마임. 하원의원 프랭크 언더우드(Frank Under-
　　wood)가 미국 대통령이 되기 위해 무자비한 전략을 펼치는 과정을 보여 주고 있음.

이계우 대표의

언어 경영

01

언어가 세상을 바꾼다

당신이 사용하는 언어는 당신의 사고방식을 형성하며,

당신이 생각할 수 있는 범위를 결정한다.

- 벤저민 리 워프 -

언어 경영(Language Management)이란, 조직이나 사회에서 언어를 전략적으로 활용하여 소통의 효율성을 높이고, 브랜드가치를 강화하며, 문화적 통합을 이루는 활동을 의미한다. 기업이나 국가, 또는 사회지도자 등은 언어를 체계적으로 관리함으로써 공동체를 한 방향으로 결집하고, 때로는 폭발적인 에너지를 만들어 내기도 한다.

단순한 단어 하나, 메시지 하나가 세상을 바꾼다면 믿어지는가? 정치인의 한마디, 기업의 브랜드 콘셉트 하나, 사회운동가의 혁신적 메시지 하나가 세상을 뒤집어엎은 사례는 이루 말할 수 없을 만큼 무수하다.

나이키(Nike): Just Do It(그냥 해봐!)

1980년대 경쟁사였던 리복(Reebok)에 밀려 고전하고 있었을 때 Just Do It 캠페인을 통해 스포츠 브랜드가 아니라, 모든 사람에게 영감을 주는 브랜드로 자리 잡는 계기를 제공하였다.

그래, (실패를 두려워하지 말고) 그냥 해 보는 거야!

　　　　　　　　　　　　　아홉 개의 성공 언어

윈스턴 처칠(1940년): I have nothing to offer but blood, toil, tears, and sweat. (내가 여러분에게 드릴 수 있는 것은 피와 땀과 눈물과 노력밖에 없습니다.)

제2차 세계대전 당시 영국 총리였던 윈스턴 처칠이 국민에게 희망과 결의를 불어넣기 위해 이 메시지를 전했고, 영국이 끝까지 독일에 저항할 수 있도록 단결시키는 계기가 되었다.

마틴 루터 킹 목사(1963년): I Have a Dream(나에게는 꿈이 있습니다.)
이 연설을 통해 흑인과 백인이 평등한 세상을 꿈꿨으며, 세계 인권운동에 영감을 주었다.

일상의 언어로 변화의 리더가 되어라

언어라는 것은 단순히 나와 세상과의 소통 수단 그 이상이다. 거기에는 상대를 끌어당기고, 때로는 밀어내기도 하는 에너지가 있다. 이것이 바로 말 한마디로 친구가 되기도 하고, 원수지간이 되기도 하는 원리다. 말 한마디로 천 냥이나 되는 빚을 탕감받기도 하지만, 멀쩡한 쪽박을 부수기도 한다니 잘 배워서 나쁠 게 없는 게 바로 말이다. 그렇다면 어떤 말이 천 냥의 빚을 갚고, 어떤 말이 멀쩡한 쪽박을 깨는지 구분·정리해 보고 이왕이면 세상을 내 편으로 만드는 것이 좋지 않을까 싶다.

첫째, 긍정적 언어가 성공을 견인한다.

평상시 긍정적 자기 대화(Self-Talk)를 자주 하는 사람이 목표 달성 가능성이 높다. 똑같은 상황에서도 언어에 따라 행동이 달라지는 것을 경험한 적이 있는가? 순간적으로 절벽 같은(힘든) 상황을 맞이한 두 사람의 반응은 천양지차일 수 있다.

"나는 할 수 있다" vs. "나는 안 될 것 같아"

　연구에 따르면, 긍정적인 자기 대화를 하는 사람은 목표 달성 확률이 높고, 실패에 대한 회복력이 강하다는 것이다. 흥미로운 것은 "할 수 있다"는 긍정적 대화를 하는 사람은 되는 방법을 찾지만, "안 될 것 같다"와 같은 부정적 대화가 습관이 된 사람은 안 되는 방법만 찾는다는 것이다. 따지고 보면 되는 방법도 수십 가지요, 안 되는 방법도 수십 가지다. 세상은 원래 그렇게 굴러가도록 되어 있으니까. 그러니 두 언어 습관 중에 어느 쪽을 선택하든 당신의 자유다. 그 결과도 당신 몫이다.

"실패하면 어떡하지?" vs. "배울 기회를 얻을 거야!"

"너무 어려워!" vs. "도전해 볼 가치가 있어!"

둘째, 언어는 행동을 변화시킨다. (프레이밍 효과)

일상에서 우리는 같은 메시지도 표현 방식에 따라 상대방의 반응이 다름을 수시로 경험하게 된다. 이를 프레이밍(framing) 효과라고 한다.

동일한 정보라도 어떻게 표현되느냐에 따라 사람들이 그 정보를 다르게 해석하고, 따라서 의사결정이나 판단이 달라지는 현상을 보게 된다. 즉, 정보의 틀이나 맥락이 우리의 사고와 선택에 큰 영향을 미친다는 점이 핵심이다.

　　　　　아홉 개의 성공 언어

"패스트푸드를 먹지 마세요!" vs. "건강한 식단을 유지하세요!"

"매출이 떨어져서 큰일이다." vs. "새로운 시장을 개척할 기회다!"

"이 프로젝트는 실패할 가능성이 높다." vs. "이 프로젝트를 성공시키려면 어떤 전략이 필요할까?"

독자께서는 어느 쪽에 서고 싶은가?

셋째, 사람들은 말투로 신뢰를 결정한다. (언어와 관계 형성)

신뢰받는 리더는 단순히 강한 메시지를 전달하는 것이 아니라, 명확하고 공감하는 언어를 사용할 줄 아는 사람이다. 스티브 잡스나 오프라 윈프리 같은 리더는 단순하고 강력한 메시지를 전달함으로써 사람들의 마음을 움직일 줄 아는 대표 선수들로 정평이 나 있다.

'나는'보다 '우리'라는 언어를 많이 사용하는 리더일수록 조직 내 신뢰도가 높다는 것은 잘 알려진 사실이다.

"내 생각엔 이게 최선입니다." vs. "우리 팀이 함께 고민해서 이 결론을 내렸습니다."

"이건 내 지시야." vs. "우리가 함께하면 더 좋은 결과를 만들 수 있어."

귀하께서는 '나' 중심형 리더인가, '우리' 중심형 리더인가?

넷째, 사용하는 단어가 사고방식을 결정한다. (언어와 마인드셋)

마음이 언어를 결정할까, 아니면 언어가 마음을 이끌까? 전자가 맞는 것 같지만, 사실은 후자가 맞다는 게 정설이다. 당신의 일상의 언어가 바로 당신의 마음 상태나 보양을 결정한다는 사실을 명심할 일이다. NLP(Neuro-Linguistic Program, 신경언어프로그램) 실습에서 많이 사용

하는 방법인데, "빨간색을 떠올리지 마세요."라는 말을 듣는 순간 상대방
은 바로 빨간색을 떠올린다.

따라서 우리는 평소 두뇌에 바람직한 방향의 언어를 입력하여 둠(input)
으로써 특정 상황에 직면했을 때 그대로 반응(output)할 수 있는 것이다.

"나는 원래 이런 사람이야." vs. "나는 배우고 성장할 수 있어."

"나는 원래 숫자에 약해." vs. "나는 숫자를 더 잘 다룰 수 있도록 배울 수
있어!"

"나는 발표를 못 해." vs. "연습하면 더 잘할 수 있어!"

어느 쪽을 입력하기를 원하는가?

다섯째, 고객과의 커뮤니케이션이 브랜드 성공을 좌우한다.

고객 응대 언어와 브랜드 신뢰도가 매우 밀접한 관련이 있음을 안다면 결
코 소홀히 다룰 수 없는 영역이다. 실제로, 평소 고객 서비스를 전달하는
과정에서 사용하는 언어가 곧 브랜드 이미지에 크게 영향을 미친다는 사
실에 주목하기 바란다.

"그건 우리 책임이 아닙니다." vs. "불편을 드려 죄송합니다. 바로 해결해
드리겠습니다."

"이 제품은 반품이 안 됩니다." vs. "이 제품은 반품이 어렵지만, 다른 해
결책을 찾아보겠습니다."

"할인 적용이 안 됩니다." vs. "이번에는 할인이 어렵지만, 다음 프로모션
정보를 드릴 수 있어요."

아마존과 애플 같은 기업은 고객과의 소통에서 공감과 문제 해결 중심의 언어를 사용하여 브랜드 신뢰도를 높이는 것으로 알려져 있다.

시대를 견인하는 리더 메시지 특성

 리더의 메시지는 단순한 말이 아니라, 조직의 가치(Value)와 목표(Goal)를 설정하고, 구성원들이 나아갈 방향(비전, Vision)을 제시하는 핵심 도구이다.

리더는 강력한 메시지를 통해 비전을 명확히 전달하면, 조직 전체가 하나의 목표를 공유하고, 방향성을 잃지 않으며, 조직 문화가 형성되는 효과를 얻을 수 있으며, 궁극적으로 조직의 성과를 좌우하는 강력한 수단이 된다. 몇 가지 예를 통해 내용을 정리해 본다.

첫째, 비전과 방향성을 제시한다.

리더의 메시지는 단순한 말이 아니라 조직의 가치(Value)와 목표(Goal)를 결정하고, 구성원들이 나아갈 방향(비전, Vision)을 제시하는 핵심 수단으로써 조직 내부의 통합을 이끌고, 불필요한 혼란을 줄인다.

존 F. 케네디 대통령: "우리는 10년 안에 인간을 달에 보내고, 무사히 지구로 돌아오게 할 것이다. 우리는 이 목표를 선택했다. 그 이유는 쉽지 않기 때문이 아니라, 그 도전이 우리에게 의미가 있기 때문이다"라고 선언했다. 그 결과, 아폴로 11호가 1969년에 성공적으로 달에 착륙할 수 있었다.

둘째, 조직의 핵심 가치(Core Value)를 결정한다.

리더의 메시지는 조직이 무엇을 중요하게 여기는지를 정의하는 역할을 한다. 조직이 추구하는 가치가 명확할수록, 구성원들이 일관된 의사결정을 하도록 유도할 수 있다. 가치가 설정되면, 기업 문화와 브랜드 이미지가 만들어지는 것이다.

하워드 슐츠(스타벅스): "스타벅스는 단순한 커피 회사가 아니라, 사람들을 위한 제3의 공간(Third Place)이다."라는 메시지를 통해 스타벅스가 커피가 아닌 경험과 커뮤니티를 제공하는 브랜드로 성장하는 계기가 되었다.

셋째, 공감과 소통(Empathetic and Communicative)의 수단이 되게 한다.

리더는 구성원들의 감정과 생각을 이해하고, 그들과 소통하는 방식으로 신뢰를 쌓는다. 공감하는 메시지는 사람들이 리더와 더 가까워지게 하는 계기가 된다.

오프라 윈프리: 그녀의 프로그램에서 개인적인 이야기와 감정을 공유함으로써 많은 사람과 공감하고 소통을 강화했다.

"내가 겪었던 모든 어려움이 나를 만들어 냈고, 그것이 바로 내가 지금 여기에 있는 이유입니다. 당신도 자신을 믿고 일어설 수 있습니다."

아홉 개의 성공 언어

이계우 대표의 언어 경영

리더의 말은 방향을 제시하는 나침반이자,

사람을 움직이는 연료다.

- 존 C. 맥스웰 -

이계우 대표는 일찍이 언어의 중요성을 깊이 이해한 경영자 중 한 사람이다. 공동체의 문화는 시대를 불문하고 구성원들이 일상에서 사용하는 언어에 의해 결정된다고 해도 과언이 아니다.

2001년 창업 이후 수많은 우여곡절을 겪으면서도 오로지 아쿠아픽이라는 브랜드 가치 하나에 뜻을 두고, 목숨 걸고 달려온 여정이었다고 해도 과언이 아니다. 그만큼 오늘날의 마케팅 전쟁은 제품의 싸움이 아니라, 브랜드 싸움임을 선각(先覺)한 결과라고 생각한다. 이제 이 책을 마무리하는 단계에서 그동안 그의 언어 경영에 담긴 메시지를 요약·정리해 보고자 한다.

아홉 개의 성공 언어

언어는 에너지이며, 때로는 사람의 생사여탈권을 쥐고 있을 만큼 그 위력이 대단하다. 그 속에서 우리는 힘을 얻기도 하고, 죽음을 겪기도 한다. 이 글을 짓는 중에도 모 방송사의 젊은 아나운서가 동료들이 던진 언어의 돌을 맞아 스스로 목숨을 끊었다. 수 없는 사람의 죽음 뒤에는 언어폭력이 있었다. 이왕이면 죽이는 언어 대신 살리는 언어를 활성화함으로써 세상의 작은 구석이라도 빛날 수 있게 해 보면 어떨까 싶다.

필자들이 아는 이계우 대표는 살리는 언어를 쓸 줄 아는 경영자이다. 우리는 그것을 압축하여 '아홉 개의 성공 언어'라고 명명하였다. 그는 오늘도 아홉 개의 언어를 붙들고 매일 경쟁하듯 씨름하면서 산다.

첫째, 자유(Freedom)

이계우 대표는 직원들에게 자신의 생각이나 의견을 강요하거나 강제하지 않는다. 자신보다 더 나은 직원들이 있음을 전제하기 때문이다.

어린 시절, 그는 이미 '자유로움', 특별히 방종으로 흐르지 않은 '통제된 자유(controlled freedom)'의 가치와 성과를 경험한 것이 오늘날 기업 경영에 그대로 반영되고 있는 듯하다.

CEO가 자칫 빠지기 쉬운 함정 중 하나는 '직원들은 지시나 명령으로 움직이는 데 익숙한 사람들'이라는 근거 없는 가정이다. 그리고 '내 회사'라는 소유의식 등은 독단적인 의사결정으로 빠져들게 하는 독소가 될 수도 있다.

그의 경영 스타일은 권위가 있으나, 권위적이지 않다. 명령이나 지시해야 할 상황을 질문으로 대체한다.

"어떻게 생각해?"

질문은 상대방의 생각을 자극한다는 차원 이전에, 지극히 인격적인 행위라는 사실을 안다면 그의 인간 존중의 면모를 충분히 짐작할 수 있을 것 같다. 리더들이 채택해야 할 소중한 덕목이 아닐까 싶다.

둘째, 정직(Honesty)

"내 것이 아니면, 땅에 떨어진 물건이라도 손대지 않는다."라는 것은 땅에 떨어진 물건을 보고 그냥 지나친다는 뜻이 아니고, 주인을 찾아 주되 내 소유로 삼지 않는다는 의미이다.

이 또한 그의 내면에 강하게 자리 잡고 있는 경영 철학 중 하나이다. 남의 것을 함부로 탐내지 않고, 오직 성실과 정직으로 일생을 살았던 부모님의 영향이 크다.

인격이란, '혼자 있을 때 무엇을 생각하고, 행동하느냐'가 겉으로 드러난 모습의 다른 표현이다. 또한 정직한 사람의 특성은 내면의 소리를 따라 움직이는 사람이다. 그는 몸이 원하는 것이 아닌, 마음이 원하는 편에 서는 데 주저함이 없다.

이계우 대표의 정직한 면모는 미국 유학 시절 위캠 마트에서 아르바이트 하던 때, 독서실 총무 시절 길에서 주운 돈을 주인에게 전해 준 일, KaVo 영업사원 시절 일하는 방식 등에서 잘 드러난다.

그런 성품은 경영 과정에서도 여실히 드러난다. 숱하게 직면하는 부담스러운 재무적 책무를 유예하거나 회피함으로써 상대방을 곤경에 처하게 한 역사가 없었다는 것은 정말 쉽지 않은 일이다.

정글 같은 경쟁시장에서 정직을 유지하기란 정말 어려운 과제임을 알기에 그의 자세는 높이 평가할 만하다.

정직(Honesty)은 장기적으로 보면 단순한 도덕적 가치를 넘어 기업의 신뢰 구축, 지속 가능 성장, 조직 문화 형성, 고객 관계 및 브랜드 이미지 형성에 중요한 영향을 미치는 핵심 요소로 작용하므로 외면하지 말아야 할 가치로 다루어져야 한다.

셋째, 도전(Challenge)

이계우 대표의 자기 브랜드(Personal Brand)는 자칭, 들이대(大) 저질러 학과(學科) 뒷수습 전공(專攻)이란다. 자신의 도전정신을 재미있게 표현한 것인데, 매우 적절한 표현이라고 생각한다. 세상은 원래 거대한 실험장이다. 남의 것을 훔치거나, 속이자고 하는 것이 아닌 한, 이거다 싶으면 그는 즉시 행동으로 옮기는 데 주저함이 없다.

돈이 부족하면 대리점장에게 서슴지 않고 손을 내민 적도 있다. 그러면서도 굴함이 없었다는 것은 그의 자존감이나 효능감이 얼마나 단단하게 형성되어 있는지 엿볼 수 있는 단면이다.

세계적인 치과 의료기기 판매 회사인 미국 울트라덴트의 국내 수입 및 유통·판매 회사 대표로서 본사에 가서 당당하게 100만 불을 차입해 올 수 있었던 이 대표의 모험정신은 가히 '들이대(大)'의 전형적인 스토리가 아닌가.

충남 청양이 고향인 그는 어린 시절 늘 산과 함께 지냈다. 어느 날 멀리 보이는 산이 너무나 궁금한 나머지 등반가의 마음을 안고 홀로 칠갑산을 올랐다가 땅거미가 내려 캄캄해진 산자락을 구르듯 내려온 스토리는 오늘날 그의 도전 정신의 연원이 어디에서 비롯된 것인지 짐작할 만하다.

아홉 개의 성공 언어

최근에는 여러 강연을 통하여 도전정신을 불러일으키는 메시지를 보냄으로써 머뭇거리는 청춘들에게 행동하는 용기를 주고 있다.

넷째, 창발(Out-of-the-box Thinking)

그냥 창의적 사고(Creative Mind)에서 벗어나, 틀을 깨는 사고방식이라고 표현하는 것이 적절하다고 판단하여 'Out-of-the-box Thinking'이라고 표기하였다.

이는 자유로움을 추구하는 아쿠아픽의 기업문화와도 일맥상통하는 개념이라고 할 수 있겠다. 자유로움은 도전으로 연결되고, 제한 없는 생각의 확산(발상력)을 낳는다. 이른바, 얽매이지 않는(unbound) 자세야말로 오늘날 아쿠아픽의 창의적 혁신조직을 이끄는 원동력이라고 할 수 있지 않을까.

우산을 펼쳐 옥상에서 뛰어내린 무모함, 키 높이보다 큰 방패연 만들기, 은행잎 따서 팔기, 버섯 농사로 소득을 창출하기 등은 누구에게서나 발현되는 사고 패턴은 아니다. 앞으로 아쿠아픽이 어떤 제품과 서비스로 세상을 변화시키고 선도해 갈 것인지 기대가 크다.

그의 창발 정신은 부친을 여지없이 닮았다.

청양읍에 가 보면 마을 중앙에 있는 상설시장을 만난다. 지방 읍내 시장 치고는 그 규모가 제법 크다.

시장 방문자들이 장을 보다가 용변이 급할 때 달려가는 곳이 바로 그 옛날(1970년대) 이계우 대표의 부친이 만든 화장실이다. 그런데 화장실을 만든 조건이 좀 특이하다. 인분을 본인이 가져간다는 조건으로 만들어진 결과물이다. 당시 군청의 담당 공무원 표정이 자못 궁금해진다. 비료가 귀한 시절이라, 농사용으로 사용하기 위해 시도한 것이었는데 농산물 수확 증대에 효자 노릇을 톡톡히 했다.

청양읍 가운데 자리하고 있는 청양 전통시장

　이 대표가 주창하는 창발의 요체는 한마디로, '낯설게 만들기'이다. 그것은 최고가 아니라, 최초를 낳는 과정이며, 틈새시장 전략의 핵심이다. 거기에는 몇 가지 질문이 따른다.

더하면? 빼면? 곱하면? 나누면? 대체하면? 뒤집으면? 같은 질문들이 동원된다. 창발은 그가 평소 사용하는 언어 중 브랜드에 버금갈 정도로 자주 사용하는 언어다.

　　　　　　　　　　　　　　　　　아홉 개의 성공 언어

다섯째, 관계(Relationship)

예전에 들었던 어떤 경영자의 말이 아직도 귀에 쟁쟁하다.

Business is Relationship & Communication.

사업은 관계이자 커뮤니케이션이란다. 깊은 사고와 경험에서 건져 올린 값진 통찰이라고 생각하며, 감탄했다.

직원, 잠재소비자, 고객, 판매사(영업점, 대리점), 협력사(공급사), 지역사회, 투자자, 정부, 경쟁사 등과의 관계를 적절하게 관리하는 것이 곧 경영의 핵심이 아닐까 싶다. 그 관리 수단이 곧 커뮤니케이션이다.

실제로 좋은 인력, 기술, 시스템, 재무 등이 필요한 이유는 바로 관계를 효과적으로 관리하기 위한 수단들이라고 할 수 있지 않을까 싶다.

이계우 대표가 관계를 맺는 핵심 바탕은 '섬김'이다. 그것은 옛날 부친의 인자무적(仁者無敵) 정신, 즉 '너그러운 사람에게는 적이 없다'에 뿌리를 둔 것으로 보인다.

초·중학교 시절, 그는 도시락을 쌀 형편이 안 되거나, 반찬이 부실한 친구들을 위해 늘 밥과 반찬을 듬뿍 싸 들고 다녔다는데, 그 나이에는 쉽지 않은 행동이다.

관계가 흔들리는 이유를 아는가? 작은 약속을 지키지 않아서다. 시간 약속, 돈 약속, 약속한 말에 대한 이행 등이 부실한 상황은 관계에 생채기를 내는 가장 적합한 토양이 된다. 관계는 원래 얇은 유리 그릇 같아서, 늘 조심스럽게 다루지 않으면 쉽게 깨질 준비를 하고 있다는 것이 본질이다. 관계에 금이 간다는 것은 더 이상 신뢰하지 않는다는 뜻이 아닌가?

이계우 대표는 평소에 시간·돈·언행일치 등의 것들에 대해서 소홀함이 없도록 살피고 주의한다고 하는데, 그래서 그런 것일까 아쿠아픽은 다른 조직에 비해 이직률이 현저히 낮다. 심지어 뼈를 묻겠다는 직원도 있다니, 조직에 대한 그들의 애착이 부럽기만 하다.

기업 경영에서 내·외부 고객과의 신뢰는 가장 중요한 요소로서 CEO의 일관성 있는 행동과 투명한 소통이 필수적임을 다시 한번 확인하게 된다.

여섯째, 청결(Cleanliness)

청결(Cleanliness)은 단순한 개인 위생이나 정리·정돈을 넘어, 직장 환경, 조직 문화, 직원 건강 및 생산성에 직접적인 영향을 미치는 요소로 알려져 있다. 연구에 따르면, 깨끗하고 정리된 업무 환경은 집중력과 업무 효율성을 높일 뿐만 아니라, 스트레스를 줄이고, 창의성을 높인다. 심지어 개인의 소득에까지 영향을 미친다는 보고가 있으니, 청결 문제는 개인의 특성이 아니라, 경영의 차원에서 다루어야 하는 과제라고 할 수 있을 것이다.

가산디지털단지 안에 자리 잡고 있는 아쿠아픽 본사 사무실은 늘 정리정돈은 물론이고, 쾌적하다는 인상을 준다. 사무 공간뿐만 아니라, 직원 개인별 테이블이 방문자의 부러움을 살 만큼 탐이 난다. 이계우 대표의 성품을 닮았다.

직원들에게 쾌적한 사무 공간을 제공하는 것도 중요한 복지의 일부라는 것이 이계우 대표의 지론이다.

이계우 대표의 사무 공간. 대부분 업무는 스마트폰으로 처리한다. 청결한 사무 공간은 업무집중도, 효율성 및 창의성을 높여 주며 스트레스를 줄여 주는 역할을 한다.

그의 청결 정신은 틀림없이 부전자전(父傳子傳)과 모전자전(母傳子傳)이지 싶다. 부친이, '집을 나갈 때와 들어올 때마다 마당의 풀 한 포기씩 뽑는 자세', '모친이 살아 생전에 보여 주셨던 정갈한 집안 살림의 모습'은 어느새 자녀들의 몸과 마음에 밴 생활 습관으로 자리 잡았던 것이다.

일곱째, 목표(Goal)

목표를 다룰 때 항상 동반해야 하는 항목이 있다. 꿈(비전)이다. 그러므로 비전 없는 목표, 목표 없는 비전은 성립하지 않는다. 일반적으로 비전은 목표의 상위 개념으로 쓰이는데, 본질상 약간은 추상성을 띠기 때문이다. 그 부분을 목표가 채워 줌으로써 한 세트로 묶여 꿈틀거리기 시작한다. 사업(무역)에 대한 이계우 대표의 꿈(비전)은 20대 초반 전 대우그룹 김우중 회장의 저서『세계는 넓고 할 일은 많다』를 통해 그의 내면을 파고들었다. 꿈(비전)을 품은 사람은 가슴이 불처럼 뜨겁다. 아마 그도 그랬을 것이다. 대학 입학 후부터 점차 구체화되기 시작하여, 2학년 때 미국 유학길을 택했다. 졸업 후, 무역을 배우기 위해 KaVo사에 취업을 했고…, 아쿠아픽을 창업했다. 꿈(비전)을 따라 움직인 일관된 흐름이다.

다음은 이계우 대표의 성공방정식(목표관리 3.5 패러다임)을 다시 한번 정리한 것이다. 이 방식을 따라가다 보면 마음이 뜨거워지는 자신을 발견하고 놀라는 묘한 체험을 하게 된다.

1단계: 꿈(비전)을 크게 품어라.

꿈(비전)을 품는 데 제한은 없다. 자신이 생각하기에 가장 크고, 거창하게 품어 보라. "나의 꿈(비전, 목표)은 도대체 무엇인가?"라는 질문을 자기 자신에게 던져 보라. 혹시 독자께서는 팍팍한 현실의 삶에 지친 나머지 꿈(비전, 목표)을 꾸는 것이 사치스럽게 느껴지거나, 아니면 아득한 기억 속의 옛일로 남아 있지는 않은가?

그러나 그것이 어떤 꿈이든, 꿈을 꾸는 것은 자유다. 그러니 현실의 문제는 잠시 접어두고 자신의 내면의 소리에 귀 기울여 보라. "내가 원하는 것은 무엇인가?"

꿈(비전)은 눈덩이와 같아, 굴릴수록 커진다. 그러니 큰 꿈에 도달하기 위한 중간단계를 만드는 것이 중요하다. 천 리 길도 한 걸음부터란 말이 있지 않은가?

한가지 참고해야 할 것이 있다면, 동사형으로 설계해야 한다는 것!

"나는 작가가 된다."(No)

"나는 자서전을 써서 북콘서트를 개최한다."(Yes)

2단계: 선포하라.

꿈(비전, 목표)을 주위에 알리는 것에 주저하지 마라. 달성하지 못했다고 당신을 비웃을 사람은 세상에 한 사람도 없다. 사람들은 결코 당신이 선포한 목표를 마음속에 담아 두지 않는다. 그들의 머릿속은 이미 다른 정보들로 가득 차 있다. 그러니 염려 말고 마음껏 소문을 내라. 말을 통해서든, SNS를 이용해서든 마구마구 알려라. 그 행위는 당신으로 하여금 결심을 더욱 굳건하게 만들어 줄 것이다.

"지켜봐. 나는 반드시 내 자서전을 써서 북콘서트를 열 거야!"

3단계: 글로 표현하라.

이번에는 선포한 것을 자신의 손끝으로 써보는 것이다. 이 단계에서는 좀 더 구체적이면 좋다. "포은 아트홀에서…", 또는 "수지 문화센터에서…" 등으로 쓴다. 더 나아가 해당 장소에 가서 둘러보고, 앉아 보고, 냄새도 맡아 보고, 만져 보는 등 현장이 마치 나를 위해 마련된 것처럼 체험해 보는 것이다.

성공하는 이들이 추천하는 방식이 있다. 반복적으로 써 보라는 것이다. 여기에는 심리적 근거가 있다.

꿈이나 목표를 반복해서 쓰는 이유는 단순한 자기암시 수준을 넘어서, 뇌의 인지 구조와 심리적 조건형성과 깊은 관련이 있다는 것이 심리학, 신경과학, 그리고 행동경제학 연구에서 그 효과가 입증되고 있다. 중요한 부분이라 좀 길게 설명해야겠다.

첫째, 반복은 뇌의 주의(attention) 시스템을 재설정한다.
우리의 뇌에는 RAS(망상활성계)라는 주의 필터가 있다.
이 시스템은 '내가 중요하다고 반복적으로 인식하는 정보'를 자동으로 걸러 내고, 그와 관련된 기회나 단서를 잘 인식하도록 조정한다. 즉, 꿈을 반복해서 쓰면 뇌가 그것을 '중요 정보'로 분류하고 현실 속 단서를 더 잘 찾아 내게 된다.
"나는 자서전을 써서 북콘서트를 개최한다."를 매일 쓰면, 관련된 기사, 사람, 강의, 기회가 평소보다 눈에 잘 들어오게 되는 이유가 바로 그것이다. 관련 정보에 대한 몰입도가 높아진다.

둘째, 쓴다는 것은 내면화와 자기암시를 강화하는 과정이다.
에밀 쿠에(Émile Coué)는 '반복적 자기암시'의 힘을 강조한 심리학자이다. 반복해서 쓰는 행위는 단순히 기억이 아니라 자기개념(self-concept)을 재구성하는 과정이다.
즉, 뇌가 "나는 그 목표를 가진 사람이다"라고 인식하게 만드는 '자기 동일화(Self-Identity)' 효과가 생긴다. 반복할수록 '목표가 곧 나 자신이 된다'라는 표현이 가능해진다.

셋째, 인지부조화(Cognitive Dissonance) 해소 작용을 한다.
심리학자 레온 페스팅거(Leon Festinger)의 이론에 따르면, 사람은 '내가 반복해서 말하거나 쓰는 것'과 '현실의 나'가 다를 때 불편함을 느끼고, 이

     아홉 개의 성공 언어

를 해소하려 한다.

그래서 목표를 계속 쓰면 뇌가 점점 그 상태에 맞추려는 행동을 유도하게 된다.

즉, '쓰기→불일치 인식→행동 수정→목표 근접'의 루프(loop)가 만들어진다.

넷째, 행동의 시각화와 몰입이 강화된다.

꿈을 글로 쓰는 것은 뇌의 시각화 회로를 자극한다.

시각화된 목표는 추상적 욕망보다 훨씬 더 행동 계획화(plan formation)를 촉진한다. 이 때문에 많은 성공 코치(토니 로빈스, 브라이언 트레이시 등)는 '목표를 손으로 써 보라'라고 권한다.

다섯째, 반복적 기록은 감정의 정렬을 돕는다.

꿈을 쓰는 과정에서 단어 선택, 표현, 감정이 점점 정제된다. 이는 무의식 속의 모호한 욕망을 명확한 방향성으로 구조화하는 심리적 정렬 과정이다.

그 결과, "나는 왜 이것을 원하지?"라는 내적 동기와 "어떻게 하면 이룰까?"라는 실천 동기가 일치하게 된다.

3.5단계: 구체적인 숫자로 기록하라.

이 단계야말로 이계우 대표의 주특기(?)라고 할 만하다. 꿈(비전, 목표)을 최대한 구체적인 숫자로 표현해 냄으로써 가장 생생하게, 현실화하는 방법이다. 인세, 누가, 어디서, 얼마나, 무엇을, 어떻게 등에 대해 아주 디테일하게 써 보라. 미래의 일이 오늘인 듯 당신의 머릿속에 떠오를 것이다.

3.5단계는 3단계(Write)와 4단계(Act) 사이에 만든 인위적 디딤돌 같은 것이다. 이를 성공방정식 3.5 패러다임이라고 명명한다. 이 대표는 강의 때마다 이 원리를 힘주어 강조, 또 강조한다. "원하는 것을 수치화하라. 그러면 반드시 이루어진다."

"2년 후(2020○년 8월 15일 오전 11:00~12:00까지) 수지 동천동 문화센터에서 10명 이상의 지인을 초청하여, 차를 마시면서 자서전 북콘서트를 한다."

첫 번째 목표인 자서전 북콘서트가 끝나면 다시 1단계로 다시 돌아가서 똑같은 과정을 거친다. 다음에는 수필집, 소설 등으로 한 단계 한 단계 올라가는 것이다. 그리고 이번에는 좀 더 큰 장소에서, 더 많은 인원을 초청해서 북콘서트를 여는 것으로 한다. 그리고 달성되면 다음에는 더 크게, 더 크게…, 반복해서 굴리다 보면 원래 원했던 것보다 더 거대한 눈덩이가 되어 있을 것이다.

4단계: 행동하라. (Act)

3.5단계를 거치면서 실행이 이미 이루어졌으므로 실제로 4단계는 불필요한 단계다. 형식적인 절차로만 남는 단계에 불과하다.

여덟째, 고객 감동(Exceeding Customer Expectations)

고객 감동을 무엇으로 표현하는 게 좋을까를 고민하다 결국 'Exceeding Customer Expectations(고객 기대를 넘어)'를 택했다. 고객 만족(Custom-

 아홉 개의 성공 언어

er Satisfaction)이란 말은 고객 기대치에 부합하는 정도의 제품과 서비스를 제공했을 때의 고객 반응을 의미하지만, 감동은 다른 차원의 문제다. 거기에는 '놀람(Surprise)'의 의미를 포함하고 있다고 할 수 있을 것이다.

제품이나 서비스를 제공받고 '놀람'을 경험한 적이 있는가? 그 상황을 떠올려 보라. 아직도 기억에 생생하게 남아 있지 않은가. 일전에 필자 중 한 사람이 삼청동에서 점심 때 곰탕집을 찾은 적이 있었다. 곰탕 맛도 일품이었지만 그것보다 고객들을 더 즐겁게 만드는 것은 붕어빵을 마음껏 무료로 먹을 수 있도록 한다는 것이었다. 그래봐야 식사 후 한두 개 정도 먹는 게 전부다. 김치 넣고 얼큰하게 메인 메뉴를 끝낸 다음 달콤·따끈한 붕어빵을 먹는 즐거움이라니! 그 집은 항상 문전성시를 이룬다. 사람들의 기대치는 '맛있는 곰탕'이겠지만, 추가로 얹어진, 갓 구워진 붕어 한 마리가 사람들을 감동시킨다. Oh, Surprise!

아쿠아픽은 고객에게 감동을 선사하기 위해 혈안(?)이 된 회사라고 해도 지나치지 않다. 이계우 대표의 서비스 방침이 큰 영향을 미치고 있다. 요즘 서비스 현장에서는 불량 고객은 과감하게 퇴출하는 것이 대세다. 올바른 고객을 보호한다는 차원에서 그렇게 하고 있다. 한동안 우리 사회는 고객 만족이라는 미명하에 고객은 왕, 고객은 신, 고객은 주인, 고객은 상전, 고객은 월급 주는 사람 등의 극존칭을 부여했다. 그러다 보니 일방적이며, 막무가내식 서비스를 요구하는 고객들 때문에 선량한 고객들이 피해를 보는 경우가 많았다. 고의적인 고장을 일으켜 교환을 요구하는 행위, 음식물에 이물질을 투입하여 보상받기 등이 대표적인 사례들이다.

이제는 공급자들이 들고 일어섰다. 그런 전력이 있는 고객은 거래 대상에서 제외한다는 시장의 반란이 보편화하고 있다.

소위, "당신 아니라도 우리 고객은 많으니, 더 이상 당신과는 거래를 하지 않겠소."라는 선언이다. 여차하면 그 고객을 상대로 법적 소송도 불사한다. 사실, 공급자와 소비자가 즐겁게 서로 존중하며 공존하는 것이 정상이다.

아쿠아픽 서비스전략은 좀 유별(?)나다. 수리 서비스를 위해 가져온 제품에 대해서는 웬만하면 새 제품으로 교환해 준다. 그러다 보니, 때로는 고객 측에서 오히려 불만(?)이다.

'아니, 고쳐서 쓰면 쓸 만한데 왜 굳이 바꿔 주시는 거예요?'라는 반응에, '저희가 제품을 잘못 만든 것에 대한 죄송한 마음의 표현이니, 받아 주십시오'라고 응대한다.

기대하지 않은 서비스를 받은 고객은 당연히 감동할 수밖에 없을 것이다. 선물을 받듯 새 제품을 가져간 고객은 SNS로, 입소문으로 아쿠아픽 브랜드를 홍보할 것이 틀림없다.

궁극적으로 충성 고객을 넘어 세일즈맨 같은 고객이 된다. 아쿠아픽 직원들은 '고객이 최고의 세일즈맨'이라는 사실을 굳게 믿고 있다.

아쿠아픽은 상호존중이 문화로 자리 잡은 조직이다. '모든 사람은 원래 화초다'라는 마음이 내재되어 있음을 그들의 표정과 커뮤니케이션 등을 통해 엿볼 수 있다. 내부고객이 감동하면 그 에너지가 그대로 외부 고객

아홉 개의 성공 언어

들에게 이전된다는 원리를 확신한 결과이다. 청결한 사무 공간, 도서관, 칭찬 활동, 자율 경영 등을 통하여 긍정의 문화를 만들어 가고 있는 모습은 동급 규모의 다른 회사에서는 보기 어려운 광경이다.

제조·유통 판매를 겸하는 회사로써 아쿠아픽은 여러 공급사와의 관계를 유지하는 방식도 매우 이색적이다. 동반성장 의식이 강하다. 우리나라 거래 관행상 갑과 을은 주종으로 맺어지는 관계다. 자금 결제권을 쥐고 있고, 공급사 평가의 권한을 가지고 있는 갑은 을을 마음대로 다룰 수 있는 힘을 가지고 있다. 더구나 일반 소모품을 취급하는 공급사는 고양이 앞에 쥐와 같은 신세다. 그러나 아쿠아픽은 그들을 무시하지 않는다. 대표적인 예로써, 대금 결제 조건을 그들이 결정하도록 한다.
결제 조건을 공급회사가 결정하라니!
고객 감동을 넘고, 또 넘어서는 광경이 아닌가? 과연 국내에서 이런 기업을 볼 수 있을까 싶다.

아홉째, 브랜드

브랜드 아이덴티티(Brand Identity)는 소비자에게 브랜드가 전달하고자 하는 고유한 이미지, 가치, 성격을 정의하는 요소이다.
이는 브랜드가 소비자에게 어떻게 인식되기를 원하는지 결정하는 핵심 개념이라고 할 수 있다.
브랜드는 결코 단순한 요소로 결정되지 않는다. 시각적 요소(로고, 색상, 디자인)뿐만 아니라, 메시지(사용하는 언어), 마케팅활동, 감성, 철학, 기업문화 등이 복합적으로 결합되어 나타나는 결과물이다.

본서에서는 이들 중 리더 메시지(언어)나 철학 등과 관련되는 부분으로 한정하여 다루고자 하였다. 브랜드 아이덴티티를 관리하기 위해 필요한 전략적 고려사항은 바로 '일관성'이다. 상황에 따라 적용기준이 달라지는 기업 활동으로는 결코 강력한 브랜드 아이덴티티가 형성되지 않는다.

본서는 태양계가 폭발·확장하듯 브랜드 파워도 무한 확장할 수 있다는 전제하에 내용을 전개하고자 하였다. 태양계를 둘러싸고 있는 수많은 별이 제각각 고유의 빛을 발하면서 존재하듯이 세상 역시 무수한 브랜드들이 경쟁시장을 형성하고 있다.

현재 사용 중인 아쿠아픽 브랜드이다.

이들 중에서 강력한 브랜드는 오래도록 존재할 것이나, 힘이 약한 브랜드는 사라져 갈 것이다. 아마 하루에도 수많은 브랜드가 그 강약에 따라 부침을 이어 갈 것이다.

이계우 대표는 2001년 창업 후 25년 가까운 세월 동안 아쿠아픽 브랜드

아홉 개의 성공 언어

를 키우기 위해 달려왔다고 해도 과언이 아닐 정도로 거기에 집착했다.
형편이 여의치 않아 '잠시 대기'의 시간이 있었을지언정, 결국은 그 기간
역시 브랜드를 키우는 데 필요한 기회를 얻기 위한 전략적 멈춤이었다.

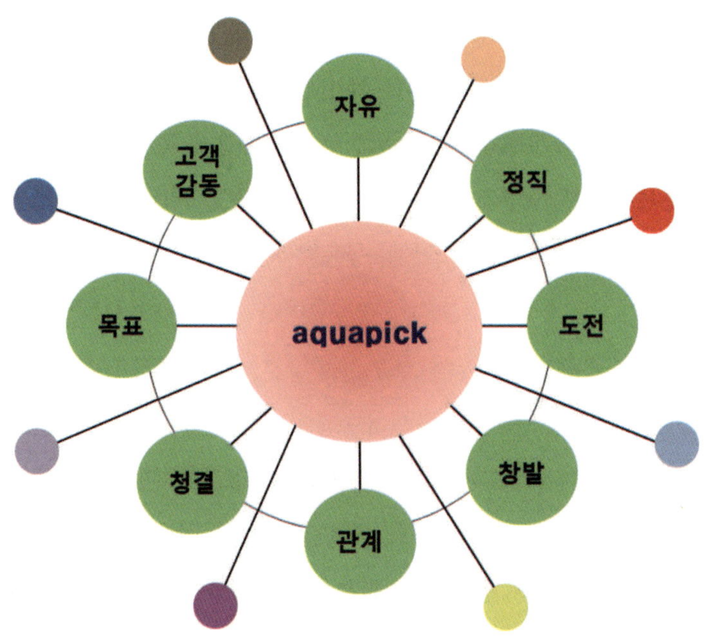

아쿠아픽 브랜드 아이덴티티를 구성하는 다양한 언어 요소들

그는 언어의 힘을 매우 강력하게 믿는 흔치 않은 리더이다.

그동안 직원들과 나눈 많은 메시지(부록)가 그 징표다. 이를 통하여 소통
의 문화, 긍정의 문화, 비전 지향 문화, 상호존중의 조직 문화를 이룩하기
위해 노력한 흔적이다.

필자들은 그 부분에 주목하여 대표적인 아홉 개의 언어를 발굴함으로써
개별 언어들끼리, 그리고 궁극적으로는 브랜드와의 상호관련성을 찾고

자 노력하였다.

향후 아쿠아픽 브랜드가 구강건강 시장을 넘어, 어디까지 확장할 것인지가 사뭇 궁금하다.

여덟 개의 언어와 모든 대·내외 활동들은 결국 아쿠아픽이라는 브랜드 안으로 결집할 것이다. 그것들이 어떻게 융합하여 시너지를 낼 것인지는 조직의 전략에 따라 결정될 것이라고 확신하며, 긴 글을 마친다.

마지막 문장까지 읽어 준 독자들의 행운을 빈다.

아홉 개의 성공 언어

이계우 대표의 강의 목록

부문별 강의 주제 목록

Key Message:

관계는 거울이다. 상대를 대하는 방식이 곧 나 자신을 보여 준다.

- 다름을 인정하는 용기
- 오늘 옆의 사람에게 최선을
- 신용이 쌓여 신뢰가 된다.
- 용서를 통해 관계를 회복한다.
- 함께 가는 삶의 힘

Key Message:

회사는 '나'의 집이 아니라 '우리의 무대'다.

- 고객 감동은 기업의 생명
- 리더십의 핵심 : 헌신과 책임
- 정직한 피드백으로 회사를 반석 위에
- 존중과 배려 : 아쿠아픽의 아이덴티티
- 조직문화는 인성과 인품의 결과물이다.

아홉 개의 성공 언어

사적 생활 : 태도가 인격을 만든다

Key Message:

당신이 얼마나 높이 날아갈지를 결정하는 것은 능력(aptitude)이 아니라 태도(attitude)다.

- 한마디의 말이 평생을 간다.
- 친구는 많지 않아도 깊어야 한다.
- 작은 일에 흔들리지 않는 마음
- 실행으로 변화를 이끈다.
- 절제는 마음의 근력을 키우는 힘이다.

자기계발 : 나를 단단하게 만드는 힘

Key Message:

운명은 주어지는 것이 아니라, 스스로의 선택을 통해 만들어지는 것이다.

- 부정적인 생각을 버려라.
- 겸손·배려·존중은 인격의 근육이다.
- 오직 실력으로 증명하라.
- Future is Now: 현재에 집중하라.
- 영원히 살 것처럼 배우라.

꿈(비전) : 생각이 현실이 되는 마법

Key Message:

꿈꾸는 대로 살지 않으면, 결국 사는 대로 꿈꾸게 된다.

- 꿈(비전)을 쓰고, 말하고, 행동하라.
- 선포하고, 숫자로 표현하라.
- 불가능할 것 같은 '꿈'을 꾸어라.
- 기다림으로 성과를 기대하라.
- '지금'이야말로 가장 비싼 자원이다.

성공방정식 : 태도 × 실행 = 결과

Key Message:

성공은 운이 아니라 태도의 누적이다. 행동 없는 생각은 공허하다.

- 정직과 성실은 기본값(default)이다.
- 사소한 약속의 실행이 신용의 기반이다.
- 경청으로 상대방의 마음을 얻는다.
- 먼 길을 가려면 함께 하는 법을 배워라.
- 주도성과 책임이 리더를 만든다.

습관 : 성공에 이르는 한 끗

Key Message:

좋은 습관 하나가 백 가지 결심보다 낫다.

- 감사·메모·경청의 습관
- 긍정적인 말이 긍정적인 삶을 부른다.
- 꾸준함이 재능을 이긴다.
- 일찍 도착하는 습관이 신뢰를 만든다.
- 한결같음이 곧 신용이다.

기타 : 세상을 보는 시선

Key Message:

세상을 보는 태도가 곧 당신의 품격이다.

- 브랜딩은 철학의 표현이다.
- 애경사에 참여는 존중의 자리다.
- 나눔은 관계의 다른 이름이다.
- 행복은 신뢰의 집합이다.
- 모든 물건을 내 것처럼 아낀다.

아홉 개의 성공 언어

㈜아쿠아픽 이계우 대표의 경영 시크릿

ⓒ 김호영, 이재권, 2026

초판 1쇄 발행 2026년 1월 5일

지은이　　김호영, 이재권
발행인　　한국스마트컨설팅협회 · 교육원
주소　　　서울시 강남구 테헤란로 78길 14-6
전화　　　02-553-3808
팩스　　　02-553-3813
홈페이지　www.korsca.kr

ISBN　979-11-989755-3-9 (03320)